PRÄSIDENTSCHAFT DER TÜRKISCHEN REPUBLIK FÜR RELIGIÖSE ANGELEGENHEITEN
Allgemeine Veröffentlichung Nr: 1989/2
Volksbücher: 526

DAS KIND
Aus den Ahadithen

Herausgeber : Doz. Dr. Fatih KURT
Koordination: Yunus YÜKSEL
Vorbereitung: Prof. Dr. Huriye MARTI
Übersetzung: Büşra ŞAHİN ARSLAN
Redaktion: Fatma YÜKSEL
Grafik & Design: Uğur ALTUNTOP
Druck: Sarıyıldız Ofset Matb. Amb. Kağ. Paz. San. Tic. Ltd. Şti.
Tel: +90 312 395 99 94

2. Auflage, ANKARA 2022

ISBN: 978-625-435-091-7
2022-06-Y-0003-1989/2
Zertifikat Nr: 12930

Entscheidung der Prüfungskomission: 08.06.2021/30

© Präsidium für Religionsangelegenheiten, Abteilung Religiöse Publikationen

Kontakt:
Präsidium für Religionsangelegenheiten
Generaldirektorat für religiöse Publikationen
Abteilung für Publikationen in Fremdsprachen und Dialekten
Dini Yayınlar Genel Müdürlüğü
Yabancı Dil ve Lehçelerde Yayınlar Daire Başkanlığı
Üniversiteler Mah. Dumlupınar Bulvarı No: 147/A 06800
Çankaya – ANKARA / TÜRKİYE
Tel.: +90 312 295 72 81 • Fax: +90 312 284 72 88
e-mail: yabancidiller@diyanet.gov.tr

Vertrieb und Verkauf:
Umlaufvermögen Abteilungsleitung
Tel: +90 312 295 71 53 - 295 71 56
Fax: +90 312 285 18 54
e-mail: dosim@diyanet.gov.tr

DAS KIND
Aus den Ahadithen

Das Präsidium für Religiöse Angelegenheiten (Diyanet İşleri Başkanlığı) ist die einzige offizielle Institution, die Aufgaben bezüglich religiöser Angelegenheiten ausführen darf.

Die Republik Türkiye ist ein Land, das 1923 als Fortführung einer alten Zivilisation gegründet wurde. Die Mehrheit der Bevölkerung der Türkiye, die der Schnittpunkt der Zivilisationen ist, sind Muslime.

Inhaltsverzeichnis

7	VORWORT
10	DIE ERSTEN GESCHENKE FÜR DAS NEUGEBORENE
22	EIN NEUER NAME, EIN NEUES LEBEN
42	DIE ABSTAMMUNG: IDENTITÄT UND ZUGEHÖRIGKEIT
58	DIE RECHTE DER KINDER: AUCH DIE KLEINEN HABEN RECHTE
78	DER SCHUTZ DES KINDES: DIE HEILUNG VOR DEM NEIDISCHEN UND BÖSEN BLICK
90	DIE KINDERERZIEHUNG: DIE KUNST, GUTE MENSCHEN ZU ERZIEHEN
104	DIE KINDER DES PROPHETEN MUHAMMED: DIE ROSENKNOSPEN DES HAUSES DER GLÜCKSELIGKEIT
118	DIE KOMMUNIKATION DES PROPHETEN MIT KINDERN UND JUGENDLICHEN
132	DIE WAISE: DER WICHTIGSTE SCHUTZBEFOHLENE IN DER VERANTWORTUNG DER GESELLSCHAFT

Ahadithe: Plural für „Hadith" = Überlieferungen
(überlieferte Aussprüche/Aussagen/Verkündungen des
Propheten Muhammed (s.a.w.))

VORWORT

Die schönste Gabe Allahs an Eheleute, die mit der Ehe den ersten Schritt zu einem friedvollen Familiennest gemacht haben, ist ein Kind. Der Wunsch, Kinder zu bekommen und die eigene Existenz durch Nachkommen zu verewigen, ist in der *Fitrah* (von Allah gegebene Veranlagung) des Menschen verankert. Es ist wohl diese Empfindung, die dazu führt, dass sowohl die Eltern als auch alle anderen Erwachsenen eine liebreizende Aufregung umhüllt, sobald ein Kind seine Augen öffnet und das Licht der Welt erblickt. Denn während das Kind der schönste Segen auf der Welt ist, ist es zugleich auch eine große Prüfung. Vom Namen, der ihm gegeben wird, über die gesunde Versorgung und Entwicklung, von der guten Bildung bis hin zur Erziehung zu einem tugendhaften Menschen, bringt jede Entscheidung, die für das Kind getroffen wird, und jeder Schritt, der unternommen wird, eine ernste Verantwortung mit sich. Das Kind, das selbst „vor dem eigenen Auge" gehütet wird und das den Eltern von Allah Ta´ala[1] anvertraut wurde, für die Zukunft vorzubereiten, ist mühselig, verlangt Opferbereitschaft, Liebe und Barmherzigkeit. Für Eltern und Familien ist das Wissen zu den Angelegenheiten, wie die ersten Pflichten gegenüber dem Neugeborenen, die Kinderrechte, die Kindererziehung und die Bildung, der Schutz des Kin-

---

[1] Ta´ala: (nur für Allah) der Erhabene, der Glorreiche

des, der Schutz der Nachkommenschaft und die Verpflichtungen gegenüber Waisen, die der Gesellschaft anvertraut sind, eine unverzichtbare Notwendigkeit.

Zu wissen, was die Sichtweise des Islams bezüglich der Familie ist und was für einen Wert er ihr beimisst, und zu lernen, was die Rechte unserer Kinder sind und welche Verpflichtungen wir ihnen gegenüber haben, sollte einerseits uns dabei helfen, unser Familienleben zu überprüfen und zu bessern, und andererseits jenen, die vor einer Familiengründung stehen, neue Horizonte eröffnen.

Zu lernen, wie der Gesandte Allahs (s.a.w.),[2] der uns in allen Lebensbereichen ein ausgezeichnetes Vorbild ist, die Beziehungen in der Familie führte, wie er seine Kinder und Enkelkinder behandelte und wie sehr er auf ihre Erziehung achtete, sollte uns den Weg weisen, wie wir die diesbezüglichen Bestimmungen Allahs in unser Leben umsetzen können.

Aus diesem Grund ist unser größter Wunsch, dass dieses Buch – abgefasst aus der Gesamtausgabe *„Der Islam – Aus den Überlieferungen"* (*Hadislerle Islam*), welche sein in voller Weisheit und Barmherzigkeit verbrachtes Leben sowie seine universale Vorbildlichkeit den Menschen unserer Zeit näherzubringen beabsichtigt – dem Nutzen der Leser dient.

Präsidium für Religionsangelegenheiten

---

[2] (s.a.w.) ist die Abkürzung für *„Sallallahu alayhi wa sallam"* (*Friede und Gruß seien auf ihm*) (Anm. d. Übers.).

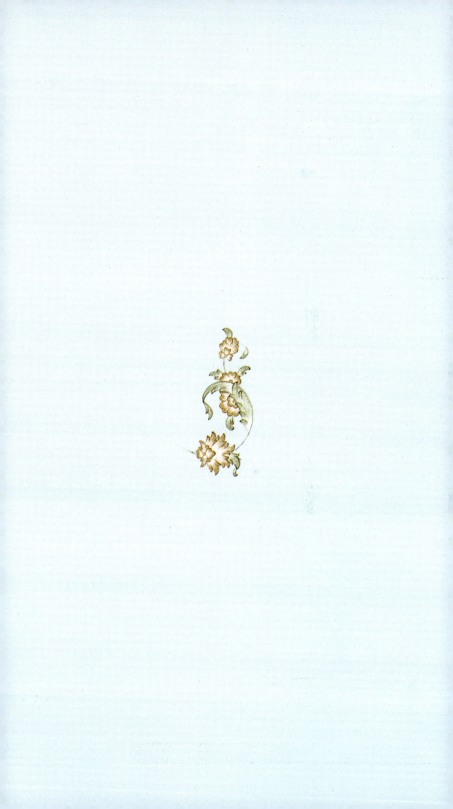

DIE ERSTEN GESCHENKE FÜR DAS NEUGEBORENE

Diesmal war es eine werdende Mutter, die sich auf den langen Weg der *Hidschrah* (Auswanderung) von Mekka nach Medina machte. Zwei Jahre waren es nun her, dass unser Prophet Muhammed (s.a.w.) und sein treuer Freund *Abu Bakr* (r.a.)[1] dieselbe Strecke hinter sich gebracht hatten. *Asma* (r.a.), die ihnen damals auf dieser gesegneten Reise heimlich Proviant gebracht, ihren Hüftgürtel in zwei geteilt und den Wasserschlauch sowie den Proviantbeutel damit zugebunden hatte,[2] kletterte jetzt selbst diese Sanddünen hoch, die sie nur zu gut kannte. Aber diesmal waren die Strapazen von einer ganz anderen Art. Die Geburt ihres Kindes stand kurz bevor, sie zählte nur noch

---

1 (r.a.) ist die Abkürzung für „*Radiyallahu anh/anha/anhum*" mit der Bedeutung: „*Möge Allah mit ihm/ihr/ihnen zufrieden sein*" (Anm. d. Übers.).
2 Vgl. Bukhari: Sahih, Dschihad, 123 (B2979).

die Tage. Der Weg war für sie deshalb besonders kräfteraubend und schien nicht enden zu wollen. Schließlich erblickte sie aber das Dorf *Quba*, das unweit von Medina lag. Endlich war das Ziel der beschwerlichen Reise erreicht, die sie zu ihrem Vater *Abu Bakr* (r.a.) und dem Gesandten Allahs (s.a.w.) bringen sollte. Und sie erwartete eine zusätzliche Überraschung, denn auch der Weg ihres Kindes in ihrem Bauch war zu Ende, und der Zeitpunkt gekommen, da es sich nun endlich seiner Familie dazugesellen sollte!

Nicht nur *Asma* (r.a.) war überglücklich darüber, dass das Kind in *Quba* auf die Welt kam, sondern auch die Muslime, die zuvor nach Medina ausgewandert waren. Dieser Winzling war das erste Kind eines *Muhadschir*,[3] das in Medina geboren wurde. All ihre Ängste, die sie bis dahin verfolgten, waren wie weggeweht. Bis dahin hatte sich das hartnäckige Gerücht gehalten, die Juden hätten die nach Medina ausgewanderten Muslime mit einem Zauberbann belegt, sodass sie keine Kinder mehr bekommen würden. Mit einem Schlag erwies sich dieses Gerücht nun als erlogen.[4]

---

3   Als *Muhadschir* wird eine Person bezeichnet, die in der Zeit des Propheten von Mekka nach Medina auswanderte (Anm. d. Übers.).
4   Vgl. Bukhari: Sahih, Aqiqah, (B5469).

Es war ein besonderes Kind. Sein Großvater war *Abu Bakr* (r.a.), sein Vater *Zubayr Ibn Awwam* (r.a.), einer der zehn Prophetengefährten, denen schon das Paradies verheißen wurde. Es hatte weder einen Namen noch sonst eine Bekanntschaft mit den Gaben dieser Welt gemacht, als seine Mutter ihn in die Arme unseres Propheten gab. Der Gesandte Allahs (s.a.w.) nahm das Kind liebevoll in die Arme und bat die Anwesenden bei dieser kleinen Zeremonie, ihm eine Dattel zu bringen. Nachdem er die Dattel eine Weile in seinem Mund aufgeweicht hatte, rieb er damit den Gaumen des Kindes ein. Dann sprach er ein Bittgebet. Er bat um Heil und Segen für das Leben des Kindes. Und schließlich gab er ihm seinen Namen: *Abdullah*.[5] Der künftige Kalif, mutige und fromme Befehlshaber *Abdullah ibn Zubayr* (r.a.)!

Jedes Kind, das auf die Welt kommt – egal ob nun in einer unbeschwerten Lebenslage oder unter schwierigen Bedingungen, ob unter glücklichen Umständen voller Hoffnungen oder traurigen, die wenig Mut zur Hoffnung bieten –, verdient einen Empfang, wie es sich für eine anvertraute Gabe (*Amanah*) Allahs gebührt. Nachdem Allah Ta´ala bestimmt hat, ob es ein Junge oder ein Mädchen wird, und dem Kind seine Versorgung (*Rizq*) sowie seine Lebensdauer zugeteilt hat,[6] lässt Er ihn mit dieser Welt Bekanntschaft machen. Damit schickt Er den Erwachsenen eine neue Gabe, die ihnen anvertraut wird. Vor allen Dingen hat Er ihnen zwar mit dieser Gabe eine beschwerliche Prüfung in die Arme gelegt,[7] doch reicht Er ihnen dieses Kind auch als ein

---

5 Vgl. Bukhari: Sahih, Manaqib al-Ansar, 45 (B3909); Muslim: Sahih, Adab, 25 (M5616).
6 Vgl. Bukhari: Sahih, Qadr, 1 (B6595).
7 Vgl. Koran: at-Taghabun, 64/15.

Segen, da dem Haus mit ihm mehr Versorgung (*Rizq*) zuteilwird,[8] und es ihnen eine Quelle der Freude in ihrem Leben wird. Ein Leben lang wird dieses neue Lebewesen umsorgt werden. Denn der Mensch verspürt sein Leben lang das Bedürfnis nach der Liebe, Aufmerksamkeit, Barmherzigkeit und Unterstützung seiner Eltern. Eigentlich haben seine Eltern auch schon vor seiner Geburt damit angefangen, die Liste ihrer Aufgaben der materiellen wie immateriell-geistigen Unterstützung durchzulesen. Die Geburt ist nur eine neue Phase, die erste der Stufen, die es im Verlauf seines Lebens erklimmen wird, die erste Station auf dem Weg, den es zurückzulegen hat.

Kommt ein Kind auf die Welt, womit sich ein neues Individuum der Familie anschließt, bringt dies nicht nur helle Freude und Aufregung mit sich, sondern auch Verantwortung. So sehr auch die restlichen Familienmitglieder im Maße ihres Alters die neue Verantwortung mittragen, so gehört die Hauptverantwortung doch den Eltern. Zunächst einmal sollten Eltern darauf achten, dass sie nicht zu jenen gehören, die da flehen: *„Wenn Du uns ein vollkommenes (Kind) gibst, wahrlich, dann werden wir dankbar sein!"*, und wenn das Kind dann zur Welt kommt, Dem, Der es ihnen schenkte, jemanden beigesellen;[9] ferner sollten sie nicht nach Junge oder Mädchen unterscheiden, sondern ihr Kind ans Herz drücken. Und darauf Acht geben, dass sie nicht den Weg der Unwissenden einschlagen, die sich schämen, wenn ihnen ein Mädchen geboren wurde,[10] sich aber überschwänglich über einen Jungen freuen. Eltern sollten sich

---

8   Vgl. Koran: al-Isra, 17/31.
9   Koran: al-Araf, 7/189-191.
10 Vgl. Koran: an-Nahl, 16/58-59; az-Zuhruf, 43/17.

stets in Erinnerung rufen, dass Kinder, die die Zierde dieses irdischen Lebens sind,[11] eine unschätzbare Gabe Allahs und gleichzeitig eine Prüfung sind, womit sie geprüft werden.[12] Vom ersten Tag an sollten sie ihre Kinder mit ihrer Barmherzigkeit und innigsten Liebe umsorgen.

Wen wir das Leben unseres Propheten (s.a.w.) betrachten, sehen wir, dass er solch ein unschuldiges Wesen wie ein Kind mit einer Dattel willkommen hieß. Ein Bissen von dieser Dattel, die weich gekaut in Begleitung von Bittgebeten in den Mund des Kindes gegeben wird, soll dem Kind einen süßen Anfang bescheren. Natürlich ist dieser Bissen nicht so groß, dass es davon satt werden könnte, sondern gerade mal so viel, um davon gekostet zu haben. Als Nächstes wird das Kind die Milch seiner Mutter kosten und in den folgenden zwei Jahren seines Lebens sich von seiner Mutter ernähren.[13] Die Dattel beschrieb der Gesandte Allahs (s.a.w.) als ein segensreiches Nahrungsmittel[14] und hieß auch den kleinen Bruder von *Anas*, seines kleinen Helfers, mit dieser *„Tahnik"* genannten Dattel-Zeremonie auf der Welt willkommen.[15] *Anas* (r.a.) überlieferte später, dass seine Mutter *Umm Sulaym* (r.a.) seinen Bruder, noch bevor sie ihn stillte, mit ihm zum Propheten schickte. *Anas* berichtet dann weiter: „Als ich den Gesandten Allahs fand, kennzeichnete er gerade die Tiere, die für die *Zakah* (Sozialsteuer) bestimmt waren. Als er mich sah, sagte er: ‚Ich glaube Umm Sulaym hat entbunden', und legte gleich den Stempel aus seiner Hand. Da

---

11 Vgl. Koran: al-Kahf, 18/46.
12 Vgl. Koran: al-Anfal, 8/28.
13 Vgl. Koran: al-Baqara, 2/233.
14 Vgl. Tirmidhi: Sunan, Zakah, 26 (T658).
15 Vgl. Muslim: Sahih, Fada'il al Sahaba, 107 (M6322); Bukhari: Sahih, Libas, 22 (B5824).

legte ich ihm das Kind in seine Arme. Der Gesandte Allahs verlangte nach einer *Adschwa*-Dattel, die in Medina wuchs. Er kaute die Dattel, bis er sie in seinem Mund aufgeweicht hatte. Dann legte er sie in den Mund des Kindes, das die Dattel gleich schmeckte und danach leckte. Daraufhin sagte der Gesandte Allahs: ‚*Schaut nur, wie der Ansar*[16] *Dattel mag!*‘, streichelte sein Gesicht und gab ihm den Namen *Abdullah*."[17]

Es war ein Brauch unseres Propheten, das neugeborene Kind mit Segens- und Heilswünschen willkommen zu heißen. Sobald die *Ashab* (Gefährten) ein Kind bekamen, nahmen sie es in den Arm und brachten es dem Propheten. Dieser vollzog einerseits die Zeremonie mit einer weich gekauten Dattel, andererseits sprach er für das Kind Bittgebete. Welch eine friedvolle Atmosphäre es für ein Kind ist, wenn dessen Seele durch Bittgebete, die sich aus einem gesegneten Mund ergießen, gestreichelt wird und es einer Stimme lauscht, die für ihn Allah anfleht! Auch *Abu Musa* (r.a.) wollte seinem Kind dieses Glück nicht verwehren. Als er seinen Sohn nahm und ihn zum Propheten brachte, so berichtete er später, gab er ihm unter Bittgebeten den Namen *Ibrahim* und legte ihm ein Stück weich gekaute Dattel in den Mund.[18]

Die Namensgebung wiederum ist eine Zeremonie für sich. Die Geschichte liefert genügend Zeugnisse dafür, wie umsichtig die Menschen schon seit jeher waren, wenn es um die Namensgebung ihrer Kinder ging, da sie die Hoffnung

---

16 Als *Ansar* werden die medinensischen Muslime bezeichnet, die dem Propheten und den Muhadschirun (muslimischen Auswanderern aus Mekka) nach ihrer Ankunft in Medina halfen (Anm. d. Übers.).
17 Bukhari: Sahih, Adab, 109 (B6198).
18 Vgl. Abu Dawud: Sunan, Adab, 61 (D4948).

hatten, dass sich der Name des Kindes auf sein Wesen auswirken würde. Auch heute noch wird dem Kind der Name, mit dem es ein Leben lang gerufen wird, mit einer Zeremonie ins Ohr gerufen. Für unseren Propheten (s.a.w.) war die Namensgebung – als Teil dieser Zeremonie – ebenfalls kein unwichtiges Ereignis. Und so erinnerte er die Eltern eines Neugeborenen an diese Verantwortung, als er sagte: „*Wahrlich, ihr werdet am Jüngsten Tag mit euren Namen und denen eurer Väter gerufen. So achtet darauf, dass ihr (euren Kindern) schöne Namen gebt.*"[19]

Der ehrenwerte Gesandte (s.a.w.) forderte die Gläubigen auf, für ihre Kinder nicht nur Namen zu bevorzugen, die schön klangen, sondern gleichzeitig auch eine gute Bedeutung hatten. *Ali* (r.a.) hatte darauf bestanden, seinen Kindern den Namen „*Harb*" zu geben, was „Krieg" bedeutete. Der Prophet hinderte ihn aber daran und gab seinen Enkelkindern die Namen *Hasan* und *Husayn*, die „Güte und Schönheit" bedeuten.[20] Wird bedacht, dass ein Kind, das jedes Mal, wenn es seinen Namen hört, sich damit identifiziert, auch sein Verhalten danach ausrichten wird, so wird die Empfindsamkeit des Propheten bezüglich der Namensgebung verständlich. Nur aus diesem Grund sprach sich der Prophet (s.a.w.) dagegen aus, dass Kindern Namen gegeben werden, die polytheistische Züge tragen oder für sonstige schlechte Assoziationen sorgen; selbst wenn er solche Namen bei Personen antraf, die schon erwachsen waren, änderte er sie.[21] Er bevorzugte Namen, die dem Leben einen

---

19 Bukhari: Sahih, al-Adab al-Mufrad, 286 (EM823).
20 Vgl. Muslim: Sahih, Dschihad wa Siyar, 89 (M4628); Abu Dawud: Sunan, Adab, 62 (D4955).
21 Vgl. Tirmidhi: Sunan, Adab, 64 (T2833).

Sinn gaben und seinen Träger zum Heil leiteten. Zudem gab er zu wissen, dass Allah Ta´ala Namen wie „*Abdullah*" oder „*Abd ar-Rahman*" liebt, die die Dienerschaft des Menschen Allah gegenüber ausdrücken.[22] Aus demselben Grund empfahl er ihnen auch, den Kindern die Namen der Propheten zu geben.[23] Und er zementierte seinen Rat, als sein jüngster Sohn auf die Welt kam, und sagte: *„In dieser Nacht wurde mir ein Sohn geboren. Ich gab ihm den Namen meines Großvaters (des Propheten) Ibrahim."*[24]

Ein weiteres Element, das zur Zeremonie der Namensgebung gehört und hier unverzichtbar ist, ist der *Adhan* (Gebetsruf), der dem Kind in das Ohr gerufen wird, damit es die Bekanntschaft mit dem Gebetsruf macht. Als *Hasan*, der Enkelsohn des Gesandten Allahs (s.a.w.), auf die Welt kam, rief er ihm den *Adhan* in das Ohr, als würde er zum Gebet rufen.[25] Ein Kind, dem der *Adhan* mit weicher Stimme ins rechte Ohr gerufen wird und ins linke Ohr die *Iqamah* (der zweite Gebetsruf nach dem *Adhan*), hört damit zu Beginn seines Lebens gleich drei Grundprinzipien des Islam. Denn der *Adhan* kündet ihm die Existenz und Einheit Allahs, ferner dass Muhammed (s.a.w.) Sein Gesandter ist und dass die wahre Erlösung nur in der Glückseligkeit im Jenseits liegt, die sich der Mensch mit *Ibadah* (Glaubenspraxen) zu verdienen hat.

Gefragt danach, wann dem Kind sein Name gegeben werden soll, sagte der Prophet (s.a.w.): *„Jedes Kind ist (wie) ein*

---

22 Vgl. Nasa'i: Sunan, Hayl wa as-Sabq wa ar-Ramy, 3 (N3595).
23 Vgl. Abu Dawud: Sunan, Dschana'iz, 23-24 (D3126).
24 Tirmidhi: Sunan, Adahi, 16 (T1514); Ibn Hanbal: Musnad, VI, 10 (HM24371).
25 Vgl. Abu Dawud: Sunan, Dahaya, 20, 21 (D2838); Nasa'i: Sunan, Aqiqah, 5 (N4225).

Faustpfand, das am siebten Tag nach seiner Geburt gegen ein Aqiqah-Opfer ausgelöst wird, das für ihn dargebracht wird. Am selben Tag werden ihm auch die Haare geschoren und er bekommt seinen Namen."[26] Da er seinem eigenen Sohn noch in derselben Nacht, in der er geboren wurde, seinen Namen gab,[27] wollte der Gesandte Allahs mit diesem *Hadith* zu verstehen geben, dass die Namensgebung spätestens bis zum siebten Tag zu erfolgen hat.

Somit wird ersichtlich, dass der Prophet Muhammed (s.a.w.) als weiterer Ausdruck ihrer Dankbarkeit für ein Kind, das Allah Ta´ala ihnen schenkte, von den Eltern verlangt, dass sie ein Tier opfern.[28] Diese Opfergabe (*Qurban*), die *Aqiqah* genannt wird, kann auch als Preis dafür betrachtet werden, dass das Kind wohlauf auf die Welt kam. Genau wie der Widder, den Allah Ta´ala dem Propheten Abraham (a.s.)[29] schickte, nachdem dieser gelobt hatte, ihn zu opfern, wenn ihm ein Sohn geboren würde. Als es dann auch tatsächlich so weit kam, dass er sein Gelöbnis einlösen musste, schickte ihm Allah Ta´ala dieses Tier.[30] Als Andenken an diese große Belohnung, die als Ablöse für das Leben des Propheten Ismael (a.s.) kam, riet der ehrwürdige Gesandte Allahs (s.a.w.) den Vätern, ein solches *Aqiqah*-Opfer darzubringen, um ihre Kinder zu befreien, die bis dahin ein Faustpfand sind. Eigentlich gab es diesen Brauch unter den Arabern auch schon in der vorislamischen Zeit. So ist beispielsweise bekannt, dass die geliebte Ehefrau des Propheten, *Khadidscha* (r.a.), für ihre Söhne und Töchter, die auf die Welt kamen,

---

26 Abu Dawud: Sunan, Dschana'iz, 23-24 (D3126).
27 Vgl. Tirmidhi: Sunan, Adab, 63 (T2832).
28 Vgl. Koran: as-Saffat, 37/101-111.
29 (a.s.) Abkürzung für „*Alayhi's-Salam*" (*Heil sei über ihm/Gegrüßt sei er*)
30 Vgl. Ibn Sa'd: Tabaqat, I, S. 133-134 (ST1/133).

Opfertiere schächtete.³¹ Der Prophetengefährte *Abu Burayda* (r.a.) berichtete über diesen Brauch wie folgt: „Wenn einer von uns in der Zeit der *Dschahiliyyah* ein Kind bekam, opferten wir ein Schaf und schmierten ihm von dem Blut auf die Stirn. Nachdem Allah Ta´ala den Islam gesandt hat, brachten wir weiterhin Opfertiere dar. Jedoch fingen wir ab da an, dem Kind das Haupthaar zu scheren und es mit Safran einzureiben, damit es wohlriecht."³²

Auch nach seiner Berufung zum Propheten pflegte der Prophet Muhammed (s.a.w.) diesen Brauch weiterhin, und brachte für seine Enkelsöhne *Hasan* und *Husayn* je einen Widder als Opfer dar.³³ Auch den Gläubigen riet er, für ihre Neugeborenen ein *Aqiqah*-Opfer darzubringen.³⁴ Vom Blut der Opfertiere auf die Stirn des Neugeborenen zu schmieren oder davon auf das Haupt tropfen zu lassen, gehört jedoch nicht zur *Sunnah* unseres Propheten, auch wenn dieser Brauch sich bis heute hartnäckig hält. Stattdessen riet der ehrwürdige Gesandte den Gläubigen, das Haupthaar des Neugeborenen zu scheren, wenn es welches hatte, damit es sich des Schmutzes entledigen und wohler fühlen konnte.³⁵ Und als sein eigener Enkel geboren wurde, verlangte er, dass ihm sein Haupthaar geschoren wurde und Silber im Gewicht dieser Haare als Almosen verteilt wurde.³⁶ *Fatima* (r.a.) folgte diesem Befehl bei allen ihren Kindern, gleich ob Junge oder Mädchen.³⁷ Nachdem das Kind derart ge-

---

31 Vgl. Abu Dawud: Sunan, Dahaya, 20-21 (D2843).
32 Abu Dawud: Sunan, Dahaya, 20-21 (D2841).
33 Vgl. Darimi: Sunan, Adahi, 9 (DM1999).
34 Vgl. Bukhari: Sahih, Aqiqah, 2 (B5472); Nasa'i: Sunan, Aqiqah, 2 (N4219).
35 Vgl. Tirmidhi: Sunan, Adahi, 19 (T1519).
36 Vgl. Malik: Muwatta', Aqiqah, 1 (MU1071).
37 Vgl. Abu Dawud: Sunan, Taharah, 129 (D356).

schoren, danach gewaschen und mit schönen Düften versehen wird, beginnt für ihn, im Unterschied zum dunklen und trüben Leben im Bauch seiner Mutter, eine reine und kristallklare Lebenszeit.

Nachdem das Kind also zunächst mit der Muttermilch beginnt, von den Gaben dieser Welt zu kosten, hört es den *Adhan*, und damit zum ersten Mal auch den Gegenstand der Verkündigung. Durch das Schächten eines Opfertiers wird der Dank für sein Leben bekundet. Und durch das Scheren seines Haupthaares wird es gereinigt. Doch gibt es noch einen Dienst, der für das Kind erbracht werden muss: die Beschneidung. Die Beschneidung des männlichen Kindes erfolgt nicht nur aus religiösen Gründen, sondern stellt auch aus gesundheitlicher Sicht einen wichtigen Schritt dar.

In Kulturen, die vom Islam geprägt sind, gilt die Beschneidung eines Mannes als Zeichen dafür, dass er Muslim ist. Sicher trug zur Etablierung dieser Überzeugung bei, dass der Prophet Neumuslimen befahl: *„Lass dich beschneiden!"*[38] Wer sich nicht scheut, diese deutliche Anweisung seines Glaubens auf seinem Körper anzuwenden, wird sich auch gesundheitlich vor so mancher Plage schützen. Mit folgenden Worten lehrte der Prophet die Gläubigen, dass eine solche Angewohnheit, die eigentlich schon seit Generationen angewandt wird, ihnen ein Erfordernis ihrer natürlichen Veranlagung (*Fitrah*) ist: *„Fünf Dinge gibt es, die der Mensch seiner Fitrah (natürlichen Veranlagung) folgend tun muss: Sich beschneiden lassen, den Intimbereich rasieren, die Fingernägel schneiden, die Achselhöhlen rasieren und den Schnurrbart stutzen."*[39]

---

[38] Abu Dawud: Sunan, Taharah, 129.
[39] Bukhari: Sahih, Libas, 63 (B5889); Muslim: Sahih, Taharah, 49 (M597).

Obgleich es zur Zeit des Propheten (s.a.w.) noch nicht üblich war, Beschneidungszeremonien durchzuführen und in diesem Rahmen ein Festmahl zu geben, ähnlich einem Hochzeitsmahl, wurde solch eine Gepflogenheit kurz nach seinem Ableben durch seinen *Ashab* (Gefährten) eingeführt. Beispielsweise schächtete *Abdullah Ibn Umar* (r.a.) einen Widder und gab seinen Gästen zur Beschneidung seines Sohnes ein Festmahl.[40] Und als *Umar* (r.a.) Trommelklänge hörte, die von einer Festlichkeit zu stammen schienen, fragte er: „Was ist das?" Da gaben sie ihm zur Antwort: „Das ist wohl eine Hochzeit oder ein Beschneidungsfest."[41] Selbstverständlich sollten auch bei derartigen Festlichkeiten die Kriterien beachtet werden, die der Prophet für Hochzeitsmahle formulierte. So sollten zum Festmahl nicht nur die Reichen und Vornehmen, sondern auch die bedürftigen Familien eingeladen werden.[42] Am wichtigsten ist vielleicht, dass bei einer solchen Zeremonie Gebete für das Kind gesprochen werden, das dem Weg des Propheten Abraham (a.s.) folgt, damit es ein Leben in Übereinstimmung mit der *Sunnah* des Gesandten Allahs (s.a.w.) führt.

---

40 Bukhari: Sahih, al-Adab al-Mufrad, 426 (EM1246).
41 Vgl. ʿAbd ar-Razzaq: Musannaf, XI, 5 (MA19738).
42 Vgl. Bukhari: Sahih, Nikah, 73 (B5177); Muslim: Sahih, Nikah, 107 (M3521).

EIN NEUER NAME, EIN NEUES LEBEN

Warum wird bei der Namensgebung der *Adhan* (Gebetsruf) und die *Iqamah* (der zweite Gebetsruf nach dem *Adhan*) in die Ohren der Neugeborenen rezitiert? Was bedeutet es, wenn die Namensgebung eines Neugeborenen in den ersten Tagen eines neuen Lebens von *Takbir*[1]- und *Schahadah*[2]-Ausrufen begleitet wird? Ist es möglich, dass diese Stimme, die dem Kind die gute Nachricht verkündet, dass es als Muslim auf die Welt kam, es ein Leben lang zum Glauben, zum Guten und zur Rechtleitung einlädt?

---

[1] Das *Takbir* lautet *„Allahu akbar"* und hat die Bedeutung *„Allah ist am größten"* (Anm. d. Übers.).
[2] Die *Schahadah* beschreibt die Bezeugung des Glaubens in Form von: „*Aschhadu an la ilaha illa 'llah wa aschhadu anna Muhammadan abduhu wa rasuluhu*"mit der Bedeutung „Ich bezeuge: Es gibt keinen Gott außer Allah und ich bezeuge, dass Muhammed der Diener und Gesandte Allahs ist" (Anm. d. Übers.).

Durch das erste Hören seines Namens macht jedes Neugeborene zum ersten Mal Bekanntschaft mit der Kultur, in der es leben wird. Der Name, der dem Kind gegeben wird, verbindet es nicht nur mit seiner Familie und seinem engen Kreis, sondern auch mit seiner Vergangenheit und Kultur. Jedes Mal, wenn sein Name wiederholt wird, wird auch der Charakter des Kindes geformt. So, als trüge der Name die Bedeutung eines Bittgebets für das Kind.

Aus diesem Grund handelte der Prophet Muhammed (s.a.w.) bei der Namensgebung äußerst sensibel. Wenn er einem Neugeborenen einen Namen gab oder den Namen eines Erwachsenen änderte, bevorzugt er stets Bedeutungen der Güte, Schönheit, Rechtschaffenheit und Tugend. So beabsichtigte beispielsweise *Ali* (r.a.) nach der Geburt seiner beiden Söhne ihnen den Namen „*Harb*", also „Krieg", zu geben. Unser Prophet, der diese Wahl jedoch nicht akzeptierte, gab seinen Enkeln die Namen „*Hasan*" und „*Husayn*", welche die Bedeutungen „Güte" und „Schönheit" tragen.[3]

---

3 Vgl. Ibn Hanbal: Musnad, I,119; Bukhari: Sahih, al-Adab al-Mufrad, 286.

Es war ungefähr vier Monate, bevor der Gesandte Allahs (s.a.w.) die Reise ins jenseitige Leben antrat. Im Monat *Rabi' al-awwal* des zehnten Jahres der *Hidschrah* (Auswanderung nach Medina) hatte der Prophet *Halid ibn Walid* (r.a.) mit einer weiteren Gefolgschaft von Muslimen zum Stamm von *Haris ibn Ka'b* aus dem *Nadschran* geschickt, um sie zum Islam einzuladen. Sie nahmen diese Einladung an und traten zum Islam über. Gemeinsam gingen sie zum Gesandten Allahs und bezeugten vor ihm: „Es gibt keinen Gott außer Allah und Muhammed ist sein Gesandter."[4] Auch *Abu Schurayh al-Harisi* befand sich in dieser Delegation. Der Gesandte hatte mitbekommen, dass er mit dem Namen *Abu al-Hakam* („der, dem das Urteil gehört") gerufen wurde. Dieser Umstand hatte ihm überhaupt nicht gefallen. Und so rief er ihn zu sich und trug ihm sein Unbehagen vor: *„Wahrlich, der Einzige, Dem das Urteil gehört, ist Allah. Er ist sowohl Der, Der ein Urteil festlegt; als auch Der, Der dieses umsetzt. Wieso wirst du mit dem Ehrennamen Abu al-Hakam gerufen?"* Daraufhin antwortete *Abu Schurayh*: „Wenn es eine Unstimmigkeit gibt unter meinen Leuten, kommen sie zu mir, und ich fälle ein Urteil unter ihnen. Beide Seiten sind dann zufrieden mit dem Urteil." Der Gesandte Allahs (s.a.w.) sagte daraufhin: *„Wie schön!"* Es hatte ihm gefallen, dass er die Probleme der Menschen löste. Jedoch war es nicht möglich zu akzeptieren, dass Allahs Name auf diese Art gebraucht wurde. Er fragte *Abu Schurayh* nach der Anzahl seiner Kinder. Als der Gesandte Allahs hörte, dass er drei Söhne namens *Schurayh*, *Muslim* und *Abdullah* habe, fragte er nach dem Namen des ältesten Sohnes. Auf seinen ältesten Sohn *Schurayh* verwei-

---

4   Vgl. Ibn al-Athir: 'Usd al-Ghabah, VI, S. 161-162(EÜ6/161); Ibn Sa'd: Tabaqat, I, S.338-339 (ST1/338).

send, sagte er schließlich: „*Du bist Abu Schurayh (der Vater von Schurayh)*", und sprach ein Bittgebet für sie.[5]

In den arabischen Gesellschaften, in denen der Prophet mit der Verkündung der göttlichen Botschaft begann, wurden Namen benutzt, die ihre Glaubensvorstellungen, Kulturen und Lebensweisen widerspiegelten. Neben den persönlichen Namen wurden Teknonymie, das heißt Namenstitel, die sich vom Namen des Kindes ableiten (*Kunya*) ,benutzt, die im Allgemeinen mit den Worten *Abu* (Vater von) oder *Umm* (Mutter von) begannen. Als zweiter Name wurden Beinamen (*Laqab*) vergeben, die Lob, Tadel, charakteristische oder physische Merkmale wie auch Titel beinhalten konnten. Zu guter Letzt wurden noch Zugehörigkeitsnamen (*Nasab*) verwendet, die Auskunft über die Angehörigkeit zu einem Stamm oder zu einer Provinz gaben.

Der heilige Koran gibt unmissverständlich zu verstehen, dass es Allah Ta´ala höchstpersönlich war, Der Adam (a.s.), dem ersten Menschen und Propheten, die Namen beibrachte.[6] Dank der Namen und Begriffe, die ihm beigebracht wurden, bevölkerte die Menschheit, beginnend mit Adam (a.s.), die Welt und machte sie zu einem lebensfähigen Ort. Aus religiösen, geografischen und kulturellen Gründen begannen die Menschen mit der Zeit, ihren Kindern und auch allen anderen Lebewesen Namen zu geben.

Die Sprache, die zu den ersten der Kultur übertragenden Elementen gehört, ist seit den Zeiten Adams (a.s.) ein Mittel für die gegenseitige Verständigung. Die Hauptkomponente,

---

5 Vgl. Abu Dawud: Sunan, Adab, 62 (D4955); Nasa'i: Sunan, Adab al-Qudat, 62 (N5839).
6 Vgl. Koran: al-Baqara, 2/31.

die die Gesellschaften aufrechterhält, ist, dass die Individuen der Gesellschaft gemeinsame Werte und ein gemeinsames Denkvermögen besitzen. Begriffe und Namen, die die Sprache bilden, sind wiederum ein Produkt der vorherrschenden Kultur. Jedoch ist diese Beziehung wechselseitig. Während einerseits die Namen und Begriffe Elemente aus der sie umgebenden Kultur beinhalten, bildet eine wesenseigene Kultur neue Namen und neue Begriffe. Eben weil die Namen in dieser Hinsicht eine Übertragung darstellen, die die Kulturen über Generationen hinweg weitertragen, behielt unser Prophet (s.a.w.) die Art und Weise der Namensgebung in Form von Eigenname, *Kunya, Laqab* und *Nasab* bei. Dabei führte er aber anstelle der Namen, die die Glaubensvorstellung und Kultur der *Dschahiliyyah* widerspiegelten, neue Namen ein, die den *Tawhid*[7] und das Moralsystem, das er aufbaute, zum Ausdruck brachten. Und er hielt auch seine *Ashab* dazu an.

Der Gesandte Allahs (s.a.w.) empfahl Namen, die von der Dienerschaft des Menschen für Allah zeugten. Er sagte: „*Abdullah und ʿAbd ar-Rahman sind die Namen, die Allah am meisten mag*"[8], und gab dem ersten Kind, das nach der *Hidschrah* nach Medina geboren wurde,[9] den Namen „*Abdullah*"[10]; so wurde der Name *Abdullah* mit der Zeit zum geläufigsten Namen unter den Gefährten. Auf die Namen hinweisend, die mit „ʿ*Abd*" (Diener) beginnen, sagte unser Prophet Muhammed (s.a.w.): „*Namen, die von der Dienerschaft künden, sind*

---

7 *Tawhid* beschreibt das absolut monotheistische Glaubenssystem des Islams; den Glauben an den einen und einzigen Gott: Allah.
8 Muslim: Sahih, Adab, 2 (M5587); Tirmidhi: Sunan, Adab, 64 (T2833).
9 Vgl. Bukhari: Sahih, Manaqib al-Ansar, 45 (B3910); Muslim: Sahih, Adab, 26 (M5617).
10 Vgl. Hakim: Mustadrak, VI, 2267 (3/548) (NM6327).

für Allah die liebsten."[11] Er änderte den Namen eines Mannes, der *Qayyum* hieß und damit einen der Namen Allahs (Der stets allein Bestehende, Der Ewige) zum Namen hatte, und gab ihm den Namen *'Abd al-Qayyum* (der Diener des *Qayyum*).[12] Nach einer Überlieferung hieß *'Abd ar-Rahman ibn 'Awf*, bevor er den Islam annahm, *'Abd 'Amr*, weshalb der Prophet auch ihm einen neuen Namen gab.[13] So spricht auch der edle Koran von den „Dienern Allahs"[14] sowie den „Dienern Rahmans"[15].

So wie unser Prophet (s.a.w.) Namen zu vergeben wünschte, die mit *'Abd* (Diener) beginnen, bevorzugte er bei der Namensgebung auch die Namen der Propheten, die zwecks der Verbreitung der Wahrheit und Gerechtigkeit gesandt wurden. Als sein Sohn *Ibrahim* auf die Welt kam, sagte er: *„In dieser Nacht wurde mir ein Sohn geboren. Ich gab ihm den Namen meines Urahnen Ibrahim/Abraham."*[16] Er nahm den Sohn von *Abdullah ibn Salam* in die Arme, streichelte ihm über den Kopf und gab ihm, für ihn Bittgebete sprechend, den schönen Namen des Propheten *Yusuf*/Josef (a.s.).[17]

Unter den Namen der Propheten, die vergeben werden sollten, stehen an erster Stelle die Namen des Propheten des Islams: *Muhammed* und *Ahmed*. So erlaubte er auch selbst die Vergebung seines Namens: *„Vergebt meinen Namen, benutzt*

---

11 Tabarani: al-Muʿdscham al-Awsat, I, 214 (ME694).
12 Vgl. Abu Nuʿaym: Maʿrifat al-Sahaba, V, 2980 (BM3372).
13 Vgl. Hakim: Mustadrak, V, 1976 (3/306) (NM5336).
14 Vgl. Koran: Dschinn, 72/19.
15 Vgl. Koran: al-Furqan, 25/63.
16 Muslim: Sahih, Fadaʾil, 62 (M6025); AbuDawud: Sunan, Dschanaʾiz, 23-24 (D3126).
17 Vgl. Tabarani: Muʿdscham al-Kabir, XXII, 285 (MK19251); Ibn Hanbal: Musnad, IV, 35 (HM16521).

jedoch nicht meine Kunya."[18] Seinen *Kunya* hingegen wollte er nicht vergeben sehen, da er Missverständnissen vorbeugen wollte. Einst rief ein Mann nach seinem Freund: „*Abu al-Qasim!*", woraufhin der Prophet, der seine *Kunya* erhörte, sich umdrehte und ihn anblickte. Als er merkte, dass nicht er damit gemeint war, sagte er, dass den Kindern sein Name gegeben werden dürfe, seine *Kunya* aber nicht verwendet werden soll.[19] Anlässlich einer anderen Situation gab er zu wissen, dass derjenige, der seinen Namen verwendete, seine *Kunya* nicht verwenden solle und derjenige, der seine *Kunya* verwendete, nicht seinen Namen verwenden solle.[20] Aus den Erzählungen *Alis* (r.a.) wird jedoch ersichtlich, dass er nach einiger Zeit doch erlaubte, dass sowohl sein Name als auch seine *Kunya* vergeben wurden: „Ich sagte zum Gesandten Allahs (s.a.w.): ‚Wenn ich nach dir ein Kind bekommen sollte, werde ich ihm sowohl deinen Namen als auch deine *Kunya* geben.' Und er erwiderte: *Ja (das kannst du machen).*"[21] So wurde beispielsweise auch überliefert, dass der Gesandte Allahs dem Sohn von *Talha Ibn Ubaydullah* (r.a.) einen seiner berühmten *Kunya* „*Abu al-Qasim*" gab.[22]

Zudem wird ersichtlich, dass der Gesandte Allahs (s.a.w.) zur Namensvergebung neben den Namen der Propheten auch die Namen von rechtschaffenen Persönlichkeiten befürwortete. *Mughira Ibn Schuʿba* (r.a.) berichtete, wie der Gesandte ihn in das *Nadschran*-Gebiet schickte. Als die Nadschraniten ihn fragten: „Lest ihr nicht im Koran: ‚*Oh*

---

18 Bukhari: Sahih, Adab, 106 (B6188).
19 Vgl. Bukhari: Sahih, Buyuʿ, 49 (B2121); Muslim: Sahih, Adab, 1 (M5586).
20 Vgl. AbuDawud: Sunan, Adab, 67 (D4966).
21 Abu Dawud: Sunan, Adab, 68 (D4967).
22 Vgl. Tabarani: Muʿdscham al-Kabir, XXV, 187 (MK22137); Ibn Hadschar: Fath al-Bari, X, S. 573.

*Schwester Haruns'?*²³ *Ist denn nicht eine lange Zeit verstrichen zwischen Moses und Jesus?"*, wusste er keine Antwort und trug diese Begebenheit dem Gesandten vor. Der Gesandte Allahs (s.a.w.) sagte daraufhin: *„Hättest du ihnen doch zu wissen gegeben, dass sie (die Menschen) die Namen der Propheten und der rechtschaffenen Personen benutzen, die vor ihnen waren!"*²⁴

Die Vergabe der Namen von Propheten und rechtschaffenen Personen wurde auch unter den Gefährten des Propheten (s.a.w.) fortgeführt. *Zubayr ibn 'Awwam* (r.a.) sagte: *„Talha (ibn 'Ubaydullah) gab seinen Kindern Namen von Propheten. Und ich will meinen Kindern, in der Hoffnung, dass sie mit dem Märtyrertum geehrt werden, die Namen der Märtyrer geben."* Dementsprechend gab er allen neun Kindern, die ihm geboren wurden, die Namen von Märtyrern: *Abdullah, Munzir, 'Urwa, Hamza, Dscha'far, Mus'ab, Halid* und *'Amr.*²⁵

Auch ist zu sehen, dass unser Prophet (s.a.w.) Namen empfahl, die eine gute und schöne Bedeutung besitzen und gute Assoziationen hervorrufen. In diesem Rahmen erklärte er die Namen *„Haris"* mit der Bedeutung „der sich auf der Welt und im Jenseits Bemühende" und den Namen *„Hammam"* mit der Bedeutung „der Empfängliche, der Rücksichtsvolle" zu Namen, die bei Allah Ta'ala zu den angemessensten gehören.²⁶

---

23 Koran: Mayam, 19/28.
24 Tirmidhi: Sunan, Tafsir al-Qur'an, 19 (T3155); Muslim: Sahih, Adab, 9 (M5598).
25 Vgl. Baladhuri: Ansab al-Aschraf, IX, S. 423.
26 Vgl. AbuDawud: Sunan, Adab, 61 (D4950); Ibn Hanbal: Musnad, IV, 345 (HM19241).

Der Name hat die Funktion, dass er dem Menschen ermöglicht, sich mit seinem Namen vorzustellen und gute Beziehungen aufzubauen,[27] sowie dass er den Namensträger von anderen Menschen unterscheidet. Bei der Vergabe eines Namens bevorzugte der Gesandte Allahs (s.a.w.) eine einfache Methode. Ein guter Charakterzug der Person, der er einen Namen geben wollte, konnte für ihn zur Bestimmung eines Namens schon ausreichen. So hatte er beispielsweise einem Gefährten mit dem Namen *Fath*, der für die Beleuchtung der Prophetenmoschee sorgte, nur wegen dieser Eigenschaft von ihm den Namen „*Sarradsch*" (Lichtmacher) gegeben.[28]

So wie es Namen dieser Art gab, die der Prophet als Anreiz vergab, so gab es auch Namen, deren Vergabe er ablehnte und die er änderte. An erster Stelle dieser Namen kamen solche, die dem *Geist* des *Tawhids* widersprachen. So änderte er zum Beispiel Namen wie ʿ*Abd al-Kaaba* (Diener der Kaaba)[29] oder ʿ*Abd al-Hadschar* (Diener des Steins).[30] Denn der Einzige, dessen Diener der Mensch sein konnte und sollte, ist Allah Taʿala.

Mit dem *Hadith*: „*Am Tag des Jüngsten Gerichts ist der übelste Name bei Allah der Name dessen, der ‚Malik al-Amlak' (der Herrscher der Herrscher) heißt*"[31], verkündete der Prophet (s.a.w.) das Verbot, nachdem keine Person, egal welchen Rang und Status sie auch besitzen mag, mit einem solchen Namen oder Titel benannt und erwähnt werden darf. Denn dieses Attribut gebührt einzig und allein Allah, Dem Er-

---

27 Vgl. Tirmidhi: Sunan, Zuhd, 53 (T2392).
28 Vgl. Ibn Hadschar: al-Isabah, III; S. 38.
29 Vgl. Tabarani: Muʿdscham al-Kabir, I, 126 (MK253).
30 Vgl. Ibn Abu Schayba: Musannaf, Adab, 90 (MSch25892).
31 Bukhari: Sahih, Adab, 114 (B6205); Muslim: Sahih, Adab, 20 (M5610).

habenen. Keiner außer Allah, Dem Allherrscher und alleinigen Besitzer der Herrschaft, verdient es, derart gerufen zu werden.

Daneben lehnte der Gesandte Allahs (s.a.w.) es auch ab, dass Neugeborenen Namen gegeben wurden, die von der „Auflehnung gegen Allah" kündeten. Und trugen sie bereits solche Namen, änderte er sie. Den Frauennamen „*Asiya*", mit der Bedeutung „die sich Auflehnende", änderte er in „*Dschamila*", der das Schöne ausdrückt, um[32] und den Männernamen „*Asi*", der die Bedeutung „der sich Auflehnende" trägt, änderte er in „*Muti'*", also in „der Gehorsam Leistende" um.[33] Auf die gleiche Weise galten auch die Namen „*Adschda'*"[34] und „*Hubab*", die als Namen des Teufels bekannt waren, zu den Namen, die vom Propheten nicht akzeptiert wurden.[35]

Den Überlieferungen von *Aischa* (r.a.) zufolge änderte der Gesandte Allahs (s.a.w.) auch Namen, die schlechte Assoziationen auslösten.[36] Er änderte den Namen „*Asram*" mit der Bedeutung „abgeschnitten, gestutzt, veraltet" in „*Zur'a*", das „sprießend" bzw. „fruchtbar" bedeutete, um.[37] Den „Feuer" bedeutenden Namen „*Schihab*" ersetzte er mit dem Namen „*Hischam*", der „großzügig" bedeutet;[38] und den Namen „*Gurab*" mit der Bedeutung „Krähe" ersetzte er mit dem Namen „*Muslim*".[39]

---

32 Vgl. Muslim: Sahih, Adab, 15 (M5605).
33 Vgl. Muslim: Sahih, Dschihad wa Siyar, 89 (M4628).
34 Vgl. Abu Dawud: Sunan, Adab, 62 (D4957); Ibn Madscha: Sunan, Adab, 31 (IM3731).
35 Vgl. 'Abd ar-Razzaq: Musannaf, XI, 40 (MA19849).
36 Vgl. Tirmidhi: Sunan, Adab, 66 (T2839).
37 Vgl. Abu Dawud: Sunan, Adab, 62 (D4954).
38 Vgl. Abu Dawud: Sunan, Adab, 62 (D4956).
39 Vgl. Hakim: Mustadrak, VII, 2756 (4/276) (NM7727).

Auf ähnliche Weise fragte *Umar* (r.a.) einen Mann, der zu ihm kam, nach seinem Namen, um ihn kennenzulernen, woraufhin der Mann antwortete, her heiße *Masruk ibn Adschdaʿ*. *Umar* (r.a.), der überlieferte, dass der Prophet verkündete: *„Adschdaʿ gehört zu den Namen des Teufels"*, sagte in Folge: *„Du heißt von nun an Masrukʿ ibnʿAbd ar-Rahman."*[40] Unser Prophet (s.a.w.) änderte auch Namen wie *„Akbar"* (*„der Größte"*)[41] oder *„Barra"* (*„der Sündenfreie"*), die deutlich von Hochmut und Arroganz zeugten. Solche Namen neigten in seinen Augen zu Irritationen in den zwischenmenschlichen Beziehungen. Als er den Namen von *Zaynab bint Abu Salama* änderte, die zuvor den Namen *Barra* trug, sagte er: *„Erklärt euch nicht selbst für sündenfrei! Allah weiß sehr wohl, wer von euch gut ist"*[42], und erinnerte somit daran, dass bei der Namensgebung auf diesen Punkt zu achten ist.

Der Gesandte Allahs (s.a.w.) bestand zwar auf die Änderung von Namen, die dem *Tawhid*-Glauben widersprachen, drängte aber Menschen mit anderen Namen, die diese nicht ändern wollten, nicht dazu. Eines Tages suchte der Großvater von *Saʿid ibn Musayyib* den Propheten auf. Unser Prophet fragte nach dem Namen des Mannes, der zu ihm gekommen war. Dieser sagte, dass er *„Hazn"* heiße („nicht gerade", „uneben"). Daraufhin sagte unser Prophet: *„Du bist nicht Hazn, du bist Sahl* („eben", „ohne Hürden", „leicht")." Doch der Mann lehnte mit: „Ich werde den Namen, den mir mein Vater gab, nicht ändern", den Vorschlag des Gesandten Allahs (s.a.w.) ab.[43] Sein Enkel *Saʿid ibn Musayyib*, der

---

40 Ibn Hanbal: Musnad, I, 31 (HM211).
41 Vgl. Ibn Hadschar: al-Isabah, I, S.106.
42 Muslim: Sahih, Adab, 19 (M5609).
43 Bukhari: Sahih, Adab, 108 (B6193).

von dieser Begebenheit später berichtete, erwähnte jedoch im weiteren Verlauf der Überlieferung auch, dass es seiner Familie ab diesem Geschehnis nie an Sorge mangelte.

Einerseits wahrte der Gesandte Allahs (s.a.w.) die kulturellen Bestandteile der vorhandenen Gesellschaft, solange diese nicht im Widerspruch zum *Tawhid*-Glauben standen, und nutzte aber andererseits die Kraft der neuen Namen, die vom Glauben, der Moral und der Kultur zeugten. Er (s.a.w.) befahl, dem Neugeborenen am siebten Tag ihrer Geburt einen Namen zu geben, es (durch das Scheren ihrer Haare) zu reinigen und ein *Aqiqah*-Opfer[44] für es darzubringen.[45] Die Gefährten suchten den Propheten auf, damit er ihren Kindern einen Namen gab und für sie betete.[46] Als Erstes rief er ihnen den *Adhan* ins Ohr,[47] kaute dann etwas Süßes, wie zum Beispiel eine Dattel, weich, legte es in den Mund des Kindes und gab ihm dann seinen Namen.[48] Mit dem Ausruf des *Adhans*, wünschte er ihm gewissermaßen ein Leben auf dem rechten Weg (*Istiqamah*), mit der Dattel hingegen, die er ihm in den Mund legte, wünschte er ihm ein süßes Leben. Er gab dem Kind dann einen schönen Namen und betete um Segen für das Leben des Kindes.[49]

---

44 Das *Aqiqah*-Opfer ist ein Opfer, das in den ersten Tagen nach der Geburt eines Kindes als ein Ausdruck des Dankes für die Gabe Allahs geschächtet wird (Anm. d. Übers.).
45 Vgl. Tirmidhi: Sunan, Adab, 63 (T2832); AbuDawud, Dahaya, 20-21 (D2838).
46 Vgl. Bukhari: Sahih, Aqiqah, 1 (B5467); Muslim: Sahih, Adab, 23 (M5613).
47 Vgl. AbuDawud: Sunan, Adab, 106-107 (D5105); Tirmidhi: Sunan, Adahi, 16 (T1514).
48 Vgl. Muslim: Sahih, Adab, 22 (M5612); AbuDawud: Sunan, Adab, 61 (D4951).
49 Vgl. Tabarani: Muʿdscham al-Kabir, XXII, 285 (MK19251).

Unser Prophet (s.a.w.) ging nicht nur bei Personennamen auf diese Weise vor, sondern auch bei Orts- oder Stammesnamen. So änderte er den Namen eines Landstrichs, der „'Afira" hieß, was „staubig" oder „mit Erde bedeckt" bedeutet, in „Hadira" („das Grüne") um. Namen, die Negatives ausdrückten, änderte er um in solche, die, umgekehrt, Positives zu verstehen gaben. Den Namen „Schi'bu ad-Dalalah" („Tal des Irrens") ersetzte er durch „Schi'bu al-Huda" („Tal der Rechtleitung")[50] und den Namen „Baqiyyatu'l-Dalalah" („Überbleibsel des Irrens") änderte er in „Baqiyyatu'l-Huda" („Überbleibsel der Rechtleitung") um.[51] Die Namen von zwei Sippen, der „Banu al-Mughwiya" („Söhne der Aufsässigkeit") und der „Banuaz-Zinya" („Söhne der Unzucht"), änderte er beide in „Banu ar-Rischda („Söhne der Tugendhaftigkeit") um.[52] Aus „Baghid" („der Wütende") wurde bei ihm „Habib" („der Liebenswerte");[53] und aus „Qalil" („der Geringe") wurde „Kathir" („der Zahlreiche").[54]

Die Ashab, die sich dessen bewusst waren, dass der Gesandte Allahs (s.a.w.) Schritt für Schritt eine neue Kultur schuf, wunderte sich aus diesem Grund nicht, wenn plötzlich wieder der Name von irgendetwas geändert wurde. Als der Prophet während der Abschiedswallfahrt über die Wichtigkeit dessen sprach, in den verbotenen Monaten kein Blut zu vergießen, und um Aufmerksamkeit zu erregen, Fragen stellte, wie: „Wisst ihr, welcher Tag heute ist?"; „Wisst ihr, welcher Monat gerade ist?"; „Wisst ihr, wie dieser Ort heißt?", antworteten seine Gefährten, obwohl sie die Antworten der

---

50 Vgl. AbuDawud: Sunan, Adab, 62 (D4956).
51 Vgl. 'Abd ar-Razzaq: Musannaf, XI, 43 (MA19862).
52 Vgl. AbuDawud:Sunan, Adab, 62 (D4956).
53 Vgl. Ibn Hadschar: al-Isabah, I, S. 320.
54 Vgl. AbuNu'aym: Ma'rifat as-Sahaba, V, 2393 (BM2527).

Fragen kannten: „Allah und Sein Gesandter wissen es besser." Als der Gesandte Allahs (s.a.w.) daraufhin schwieg, glaubten sie, er würde all diesen Dingen wieder einen neuen Namen geben.[55]

All diese Praktiken erzeugen den Eindruck, dass der Wandel auch über die Namen und Begriffe stattfand. So ist es auch von großer Bedeutung, dass der Prophet den Namen der Stadt „*Yasrib*" umänderte, die Schauplatz dieses Wandels war und später zur Wiege der islamischen Zivilisation werden sollte. „*Yasrib*" leitet sich von der arabischen Wurzel „s-r-b" ab und trägt Bedeutungen wie" Schaden zufügen", „durcheinander bringen", „schlecht reden" und „kaputt machen". Unser Prophet (s.a.w.) änderte den Namen daher in „*Medina*" um, was die Verstädterung zum Ausdruck brachte, um. Mit den Worten: *„Die Menschen nennen sie Yasrib, doch sie heißt Medina. So wie das Feuer durch den Blasebalg das Eisen vom Rost reinigt, so verdrängt Medina schlechte Menschen nach draußen"*[56], die der Gesandte Allahs über diese Stadt sprach, verkündete er, dass hier eine zivilisierte Gesellschaft aufgebaut werden sollte, und deutete mit der Namenswahl auf das Ziel dieses Wandels hin. Die Stadt Medina, die der Gesandte Allahs (s.a.w.) aufbaute, wurde zu einer Stadt der Tugendhaftigkeit und des Anstands. Auf der Rückkehr vom Feldzug nach *Tabuk* sagte er, als er Medina erblickte: *„Dies ist ‚Taba'* (die Stadt der Güte und der Schönheit)", wies somit auf ihre Schönheit hin und gab ihr zugleich einen zweiten Namen. Zudem brachte er in der Fortsetzung seiner

---

55 Vgl. Bukhari: Sahih, Hadsch, 132 (B1741); Muslim: Sahih, Qasama, 30 (M4384).
56 Bukhari: Sahih, Fada'ilal-Medina, 2 (B1871); Muslim: Sahih, Hadsch, 488 (M3353).

Worte nicht nur seine Liebe für die Stadt Medina, sondern auch seine Liebe für den Berg *Uhud* zum Ausdruck: *„Und dies ist Uhud, dies ist ein solcher Berg; er liebt uns, und wir lieben ihn!"*⁵⁷ Angesichts dessen, dass der Schöpfer schön ist und das Schöne liebt,⁵⁸ ziemt es sich dann nicht, auch Seine Geschöpfe mit schönen Namen zu rufen? Der Satz des Propheten: *„Am Jüngsten Tag werdet ihr mit euren Namen und den Namen eurer Väter gerufen; so gebt euch schöne Namen"*⁵⁹, spiegelt das Grundprinzip wider, das bei der Namensvergabe zu beachten ist.

Mit dem Propheten Muhammed (s.a.w.) erlangte nicht nur der Mensch, sondern die ganze Schöpfung schöne Namen. Einzig bei Dingen, die von ihrer Natur her schlecht waren, sprach er sich dagegen aus, dass sie schöne Namen erhielten. So wurde beispielsweise die Traube und Rebe, aus denen Wein gewonnen wurde, anspielend auf ihre diesbezügliche Beschaffenheit, *„Karm"* („ehrwürdig", „großzügig") genannt. Der Prophet jedoch brachte seinen Missmut über diese Namensgebung wie folgt zum Ausdruck: *„Dass keiner von euch die Traube ‚Karm' nennt! Denn ‚Karm' (ehrwürdig) ist lediglich der muslimische Mensch."*⁶⁰ Die Araber der *Dschahiliyyah*-Zeit nannten sowohl die Rebe als auch die Traube „*Karm*", d. h. „großzügig", weil sie reichlich Trauben hergab und weil der aus der Traube hergestellte Wein den Konsumenten zu Ausgiebigkeit und Bewirtung verleitete. Nach dem Alkohol und Wein verboten wurden, untersagte der Prophet die Verwendung dieses positiv belegten Wortes für

---

57 Bukhari: Sahih, Maghazi, 82 (B4422); Muslim: Sahih, Hadsch, 503 (M3371).
58 Vgl. Muslim: Sahih, Iman, 147 (M265).
59 Abu Dawud: Sunan, Adab, 61 (D4948); Darimi: Sunan, Isti'zan, 59 (DM2722).
60 Muslim: Sahih, Alfaz min al-Adab wa Gayriha, 10 (M5871).

den Rohstoff eines von Allah als *Haram* (verboten) erklärten Getränks. Denn dieser Name würde den Menschen den Wein in Erinnerung rufen und sie vielleicht auch wieder zum Alkoholkonsum verleiten.[61]

Der Prophet des Islam war mit der gesamten Schöpfung im Reinen. Seine Beziehung zu den Dingen und der Natur verlief immer auf dieser Ebene. Stets erachtete er eine Sache als eine Gabe und wertvoll, die der erhabene Schöpfer ihm geschenkt hatte, und behandelte sie wie lebende Wesen. Der Gesandte Allahs (s.a.w.) blickte wohlwollend auf die Schöpfung und sah in ihr stets die Schönheit. Wenn er sich ankleidete, nannte er die Kleidungsstücke eins nach dem anderen namentlich, dankte dann seinem Herrn dafür und bat ihn darum, dass ihm diese Gaben Heil bringen und auf Wegen des Heils getragen werden.[62] Er gab auch den Gegenständen und Tieren, die er besaß, schöne Namen. Sein Schwert nannte er „*Zulfiqar*"[63], eines seiner Pferde „*Murtadschaz*", sein Esel „*'Ufayr*" und seine Kamele „*Qaswa'*" und „*Bayda'*".[64]

So wie auch in allen anderen Angelegenheiten achtete unser Prophet (s.a.w.) auch bei der Namensgebung darauf, die Würde des Menschen zu wahren. Er wollte vermeiden, dass sie wegen ihres Namens gedemütigt wurden oder dass ihre Namen sie in ein schlechtes Licht rückten. Denn die zwischenmenschlichen Beziehungen sollten sich auf einer soliden Grundlage, der gedeihlichen Atmosphäre des gegensei-

---

61 Vgl. Nawawi: Scharh ala al-Muslim, XI, S. 4-5(ŞN15/4).
62 Vgl. Abu Dawud: Sunan, Libas, 1 (D4020); Tirmidhi: Sunan, Libas, 29 (T1767).
63 Vgl. Ibn Madscha: Sunan, Dschihad, 18 (IM2808); Ibn Hanbal: Musnad, I, 270 (HM2445).
64 Vgl. Ibn Kathir: al-Bidayah, VI, S. 10.

tigen Vertrauens, entfalten können. Aus demselben Grund wollte er verhindern, dass der Glaube an das Unglück, der negative Auswirkungen auf individuelle und gesellschaftliche Beziehungen hatte, in den Namen fortgeführt wurde. Dementsprechend zog er es vor, Sachen und Gegebenheiten als heilbringend zu betrachten (*Tafa'ul*) und hatte es nicht gern, in etwas ein Unglückszeichen zu wittern.[65]

So verbot er auch Namen wie „*Yasar*" („Erleichterung"), „*Rabah*" („Verdienst"), „*Nadschih*" („erfolgreich") und „*Aflah*" („erlöst") und wies darauf hin, dass wenn Menschen mit diesem Namen gerufen werden und in diesem Moment nicht anwesend sind, die Anwesenden mit ‚Erleichterung ist nicht da!', ‚Verdienst ist nicht da!', antworten müssten, was – wenn auch unbewusst – zum Pessimismus verleiten würde.[66] In diesem Zusammenhang wird ersichtlich, dass die Bedenken unseres Propheten dabei nicht den Namen selbst galten, sondern ihrer Wahrnehmung bei den Menschen. Denn in späteren Zeiten behielt der Prophet dieselben Namen bei und sah, wohl wegen ihrer schönen Bedeutung, davon ab, sie zu ändern.[67]

Eines Tages wollte er (s.a.w.) ein Kamel melken lassen und fragte daher die dort Anwesenden nach ihrem Namen. Zweien von ihnen erlaubte er nur wegen ihrer Namen, die „*Murra*" („Bitterkeit") und „*Harb*" („Krieg") lauteten, nicht, das Kamel zu melken. Einem anderen Mann namens „*Ya'isch*" („wird leben") hingegen erteilte er die Erlaubnis.[68] Und wenn er einen Steuereintreiber an einen Ort entsenden

---

65 Ibn Madscha: Sunan, Tibb, 43 (IM3536).
66 Vgl. Muslim: Sahih, Adab, 12 (M5601).
67 Vgl. Muslim: Sahih, Adab, 13 (M5603).
68 Vgl. Malik: Muwatta', Isti'zan, 9 (MU1789).

wollte oder ein Dorf betrat, fragte er aus demselben Grund stets nach dem Namen der Person oder des Ortes. Gefiel ihm der Name, sah man ihm seine Zufriedenheit an. Gefiel er ihm jedoch nicht, so sah man dies wieder an seinem Gesicht.[69]

Der Gesandte Allahs (s.a.w.) wusste, dass Allah Ta´ala auf die Erwartung und Ansichten Seiner Diener achtete,[70] und ging daher alle Angelegenheiten stets mit Optimismus an. Der kleinen Medinenserin *Sahla bint ʿAsim ibn ʿAdi*, die während der Schlacht (*Ghazwa*) von *Hunayn* geboren wurde, gab der Prophet beim Aufbruch zur Schlacht den Namen „*Sahla*" (Erleichterung) und betete: „*Möge Allah es euch leicht machen.*"[71] Er trug sich also in der Hoffnung, dass der Name, den er gab, solch einem schwierigen Unterfangen einen guten Ausgang bescheren würde. Ähnlich erfreute sich der Gesandte Allahs (s.a.w.), als er während der Verhandlungen des *Hudaybiyah*-Friedensabkommens aus den *Muschrikun* (Polytheisten) *Suhayl ibn ʿAmr* kommen sah, darüber, dass er diese zähe Verhandlung mit *Suhayl,* dessen Namen „Erleichterung" bedeutete, zu führen hatte. Dass er aufgrund seiner diesbezüglichen Freude: „*Allah hat euch eure Sache leicht gemacht!*", sagte,[72] zeigt, dass er sich von Namen einen guten Ausgang erhoffen konnte.

Einen Namen zu geben bedeutet in gewisser Weise auch, seinen Träger wohlzustimmen. Wenn jedoch den Menschen Spitznamen gegeben werden, die ihnen nicht gefallen, und sie mit diesen gerufen werden, werden da-

---

69 Vgl. Abu Dawud: Sunan, Tibb, 24 (D3920).
70 Vgl. Bukhari: Sahih, Tawhid, 15 (B7405); Muslim: Sahih, Dhikr, 2 (M6805).
71 Vgl. Tabarani: Muʿdscham al-Kabir, XXIV, 292 (MK21331).
72 Ibn Hibban: Sahih, XI, 216 (SI4872).

durch die zwischenmenschlichen Beziehungen negativ beeinträchtigen. Zur Zeit des Gesandten Allahs (s.a.w.) kam es vor, dass die Menschen zwei oder drei Namen hatten. Dem Träger konnte auch einer dieser Namen missfallen, sodass er nicht mit ihm gerufen werden wollte. Aus diesem Grund befahl Allah Ta´ala, nachdem Er betont hatte, dass die Gläubigen einander Geschwister sind: *„Verleumdet einander nicht und gebt einander keine (hässlichen) Beinamen."*[73] Damit verbot Er den Menschen, jemanden auf eine Art zu rufen, die ihm missfiel. Die Anrede der Menschen mit den schönsten ihrer Eigennamen und *Kunya*, war eine Handlung, die der Prophet (s.a.w.) gern sah.[74]

Eines Tages kam der Gesandte Allahs (s.a.w.) in das Haus seiner Tochter *Fatima* (r.a.), weil er mit *Ali* (r.a.) reden wollte, fand ihn aber nicht vor. Er fragte seine Tochter, wo er sei. „Etwas ist zwischen uns vorgefallen. Er verärgerte mich und ging", antwortete sie. Daraufhin sandte der Prophet jemanden aus, damit er ihn findet. Kurze Zeit später stellte sich heraus, dass *Ali* (r.a.) in der Moschee war. Der Gesandte Allahs (s.a.w.) ging sogleich zu ihm in die Moschee und fand ihn dort liegend vor. Sein Gewand war verrutscht und mit Erde verstaubt, er lag seitlich direkt auf dem erdigen Boden. Er klopfte ihn ab und befreite ihn von Staub und Erde, während er zu ihm sagte: *„Stehe auf, oh Abu at-Turab! Stehe auf, oh Abu at-Turab!"* Somit bekam *Ali* (r.a.) den Rufnamen und die *Kunya „Abu at-Turab"*, was „Vater des Staubes" bedeutet, über den er später erzählte, dass ihm dies sein liebster unter seinen Beinamen war.[75] *Abu Hurayrah*

---

73 Koran: al-Hudschurat, 49/11; vgl. Tirmidhi: Sunan, Tafsir al-Qur'an, 49 (T3268).
74 Vgl. Bukhari: Sahih, Adab al-Mufrad, 285 (EM819).
75 Vgl. Muslim: Sahih, Fada'il as-Sahaba, 38 (M6229).

(r.a.), dessen Beiname die Bedeutung „Vater der Kätzchen" hatte, hatte diesen Namen wiederum aufgrund seiner Liebe zu Katzen erhalten.[76]

Der Gesandte Allahs (s.a.w.), der den Menschen Namen nach ihren guten Handlungen, die er an ihnen sah, gab, regte selbst die Polytheisten zum Guten an. Beispielsweise rief er nach dem Polytheisten *Safwan ibn Umayyah* mit der *Kunya* „*Abu Wahb*" („großzügig"),[77] wodurch er ihn zum einen würdigte und ihn zum anderen zum Heil einlud.

Sowie Namen den Glauben, die Moralvorstellung und die Kultur ihrer Träger widerspiegeln, rufen sie auch bei den Hörenden gute oder eben auch schlechte Assoziationen hervor. Aus diesem Grund änderte unser Prophet (s.a.w.) Namen, die Spuren der *Dschahiliyyah*-Glaubensvorstellung innehatten oder von Hochmütigkeit und Prahlerei zeugten. Anstelle dieser Namen zog er jene vor, die die Dienerschaft des Menschen zu Allah in den Mittelpunkt stellten, an die früheren Propheten und rechtschaffenen Menschen erinnerten, sowie gute und segensreiche Bedeutungen hatten. Auf diese Weise bezweckte er in der Gesellschaft, die er formte, auch mittels der Namen den Glauben, die Kultur und die moralischen Werte in Erinnerung zu rufen, und das Heil wie die Güte in die Gedanken einzulassen.

---

76 Vgl. Tirmidhi: Sunan, Manaqib, 46 (T3840).
77 Vgl. ʿAbd ar-Razzaq: Musannaf, XI, 41 (MA19852).

DIE ABSTAMMUNG: IDENTITÄT UND ZUGEHÖRIGKEIT

Hilal ibn Umayyah (r.a.) war einer der drei medinensischen Gefährten, die aufgrund ihrer Nichtteilnahme am Feldzug nach *Tabuk* ihre Reue bekundeten und über die Verse offenbart wurden, die die Annahme ihrer Reue verkündeten.[1] Dieses Mal veranlasste er aufgrund einer Familientragödie, die er erlebte, die Herabsendung der göttlichen Offenbarung. *Abdullah ibn Masʿud* (r.a.) erzählt:

„Wir saßen in einer Freitagnacht in der Moschee. Als dann betrat *Hilal ibn Umayyah* wütend die Moschee und sagte: ‚Wenn ein Mann seine Frau mit einem fremden Mann auffindet und davon erzählt, würdet ihr ihn dann wegen Verleumdung bestrafen? Oder wenn dieser Mann denjenigen, den er mit seiner Frau auffand, tö-

---

1 Vgl. Koran: at-Tawba, 9/106,118

tet, würdet ihr ihm dann die Todesstrafe verhängen? Oder sollte diese Person seinen Groll verbergen und schweigen?' Er fügte hinzu: ‚Bei Allah, ich werde den Gesandten Allahs morgen darüber informieren.' Am nächsten Morgen erzählte *Hilal* dem Gesandten Allahs, dass seine Frau eine Affäre mit einem fremden Mann hatte. Daraufhin sagte unser Prophet: ‚*Bringe entweder einen Beweis oder sei für die Strafe, die dir auferlegt wird, bereit*', und forderte *Hilal* dazu auf, seine Aussagen zu belegen. *Hilal* erwiderte: ‚Oh Gesandter Allahs! Wenn einer von uns einen Mann über seiner Frau sieht, soll er dann gehen, um Zeugen aufzusuchen? Beendet der Mann nicht seine Arbeit und geht, bis er einen Zeugen hinzuholt?' Als der Gesandte Allahs mit den Worten: ‚Bereite deine Zeugen vor, oder dir wird die Strafe der Verleumdung erteilt!', auf seiner Aussage beharrte, sagte *Hilal*, dass er die Wahrheit sprach und dass er daran glaubte, dass Allah bezüglich dieser Angelegenheit einen Vers offenbaren werde, der ihn von der Bestrafung bewahren würde."[2] Tatsächlich sollten nach einer Weile Verse offenbart werden, die die Situation aufklärten und eine Lösung boten.

---

[2] Abu Dawud, Talaq, 26-27 (D2253); Tirmidhi, Tafsir al-Qur'an, 24(T3179).

Der Gesandte Allahs (s.a.w.) betete dafür, dass die Wahrheit bezüglich dieser Notlage, die *Hilal* und seine Frau durchlebten, offenbart wird. Als dann wurden die Verse: *„Für diejenigen, die ihren Gattinnen Untreue vorwerfen, aber keine Zeugen haben außer sich selbst, besteht die Zeugenaussage eines (solchen) von ihnen darin, dass er viermal bei Allah bezeugt, er gehöre wahrlich zu denen, die die Wahrheit sagen, und zum fünften Mal (bezeugt), der Fluch Allahs komme auf ihn, wenn er zu den Lügnern gehören sollte"*[3], offenbart. Der Gesandte Allahs (s.a.w.) las *Hilal* und seiner Frau die Verse vor, beriet sie und erinnerte sie daran, dass die Qualen des Jenseits schwerer als die Strafe dieser Welt sind. Als *Hilal* behauptete, dass er die Wahrheit sagte und seine Frau darauf bestand, dass *Hilal* lügt, führte unser Prophet den im Vers befohlenen Fluchprozess durch und trennte das Ehepaar. Zudem sagte er, auf das Aussehen des Kindes deutend, das geboren werden sollte, dass das Kind nach der Geburt im Auge behalten werden sollte, um festzustellen, ob das Kind von *Hilal* oder von der des Ehebruchs angeklagten Person abstamme. Nach einer Weile brachte die Frau ein Kind mit dunklem, lockigem Haar und von großer Gestalt zur Welt, das der Person, die des Ehebruchs beschuldigt wurde, ähnelte. Der Gesandte Allahs (s.a.w.) sagte: *„Ich wüsste, wie ich mit dieser Frau verfahren würde, wenn nicht die durch den Vers bestimmten Eide des Zeugnisses wären."*[4]

Letztendlich fasste der Gesandte Allahs (s.a.w.) den Beschluss, dass das von dieser Frau geborene Kind nicht mit

---

3   Koran: an-Nisa, 24/6-7.
4   Bukhari: Sahih, Tafsir, (an-Nur), 3 (B4747); Abu Dawud: Sunan, Talaq, 26-27 (D2253); Tirmidhi: Sunan, Tafsir al-Qur'an, 24 (T3179); 'Abd ar-Razzaq: Musannaf, VII, 114 (MA12444).

dem Namen seines Vaters genannt werden solle, dass die Frau nicht des Ehebruchs angeklagt werden solle und dass ihr Kind nicht als außereheliches Kind bezeichnet werden solle. Er entschied, dass jeder, der gegenüber der Frau oder ihrem Kind eine solche Anschuldigung machte, ebenfalls bestraft werden müsse, und da die Trennung nicht auf einer normalen Scheidung oder einem Todesfall beruhte, bestimmte er, dass der Mann der Frau kein Haus und keinen Unterhalt zu gewähren brauche.[5] Laut *Ikrima*, einem der berühmten Schüler von *Abdullah ibn Abbas* (r.a.), wurde dieses Kind, als es aufwuchs, immer seiner Mutter zugeschrieben und wurde nie mit dem Namen eines Vaters genannt.[6]

Eine ähnliche Tragödie ereignete sich in Medina im Monat *Schaban* des neunten Jahres der *Hidschrah* (Auswanderung) bei der Rückkehr vom Feldzug zu *Tabuk*[7] zwischen dem Propheten und den *Banu Adschlan*. Diese Begebenheit, welche von *Sahl ibn Sa'd as-Saidi* (r.a.), dem Gefährten, der als Letztes in Medina verstarb, berichtet wird, trägt Ähnlichkeiten mit der zuvor erzählten Situation.[8] Das Kind, welches am Ende dieses Ereignis, bei dem wieder ein uneheliches Verhältnis vorlag, geboren wurde, wurde später stets der Mutter zugeschrieben. Zudem wurden das Kind und dessen Mutter nach den im heiligen Koran bestimmten Anteilen einander zu Erbberechtigten.[9]

---

5 Vgl. Tayalisi: Musnad, III, 107 (TM2789); Ibn Hanbal: Musnad, I, 238 (HM2131).
6 Vgl. Abu Dawud: Sunan, Talaq, 27 (D2256); Ibn Hanbel: Musnad, I, 238 (HM2131).
7 Vgl. Ibn Athir: 'Usd al-Ghabah, I, 132 (EÜ1/132).
8 Vgl. Bukhari: Sahih, Tafsir, (an-Nur), 1 (B4745); Muslim: Sahih, Lian, 1 (M3743).
9 Vgl. Abu Dawud: Sunan, Talaq, 26-27 (D2247).

Nach der Überlieferung von *Abu Hurayrah* (r.a.) sagte der Gesandte Allahs (s.a.w.), nachdem der *Lian*[10]-Vers offenbart wurde: „*Eine Frau, die einer Familie ein Kind (und seine Abstammung) zuschreibt, welches nicht von dieser Familie ist, steht in keinem Verhältnis zu Allah und Allah wird sie keinesfalls in das Paradies einlassen. Auch einen Mann, der wissentlich sein eigenes Kind leugnet, wird Allah von Sich fernhalten und ihn am Tag des Jüngsten Gerichts vor jedermann bloßstellen.*"[11]

In der arabischen Gesellschaft, die eine auf der *Asabiyyah*[12] beruhende Sozialstruktur besaß, war das Bekannt-sein des Volksstammes (*Qabila*) und der Abstammung von großer Bedeutung. Das Recht, die Ehe, die Scheidung, das Erbe, die Verwandtschaftsbeziehungen, die Verpflichtungen und ähnliche Angelegenheiten wurden auf der Abstammung beruhend geregelt. Allem voran wurde jedes Individuum mit dem Volksstamm, dem es angehörte, benannt. Personen, die keinem Stamm angehörten oder die sich auch nicht durch eine Vereinbarung einen Platz in einem Stamm verschaffen konnten, besaßen keinerlei Sicherheit. Dementsprechend bot der Volksstamm dem Individuum gewissermaßen soziale und rechtliche Sicherheit. All diese Tatsachen zeigen, dass das Wissen über die Abstammung von lebensnotwendiger Wichtigkeit war. Die Identität des Kindes und von welcher Familie es abstammte war äußerst bedeutend, da dies nicht nur moralische, sondern auch rechtliche Folgen

---

10 *Lian* ist der islamrechtliche Begriff, der den gegenseitigen Schwur von Eheleuten beschreibt, wobei eine Seite die andere der Unzucht beschuldigt. Wie dieser Schwur-Vorgang zu vollführen ist, wird im Koran (24:6-7) beschrieben (Anm. d. Übers.).
11 Abu Dawud: Sunan, Talaq, 28-29 (D2263).
12 *Asabiyyah* bezeichnet die Solidarität zwischen Mitgliedern eines Stammes (Anm. d. Übers.).

mit sich brachte. Denn die Bestimmung der Zugehörigkeit eines Kindes zu einem Vater rief eine Vielzahl von Rechtsfolgen wie der Erbschaft hervor. Doch war die Ermittlung der Abstammung einer Person nicht immer leicht, weshalb eine Institution für Gutachten namens „Kiyafah" entwickelt wurde, welches erforderlichenfalls für die Bestimmung der Abstammung einschritt. Gutachter, die „Kaif" genannt wurden, entschieden ausgehend von physiologischen und physiognomischen Ähnlichkeiten, ob eine Blutsverwandtschaft zwischen zwei Personen bestand oder nicht. So bestätigte beispielsweise ein *Kaif*, dass der dunkelhäutige *Usama* der Sohn des hellhäutigen *Zayd*, dem befreiten Sklaven des Propheten, war. Den Gesandten Allahs (s.a.w.) muss wohl dieser physiologische Unterschied zwischen *Zayd* und seinem Sohn gestört haben, sodass er eines Tages mit Freude zu *Aischa* (r.a.) kam und ihr aufgeregt erzählte, dass der Gutachter namens *Mudschazziz al-Mudlidschi* auf die mit Samt bedeckten Füße von *Usama* und *Zayd* schauend bekannt gab, dass sie Vater und Sohn seien.[13] Somit zeigte der Prophet Muhammed (s.a.w.), dass er der Aussage einer Person, die bezüglich der Bestimmung der Abstammung fachkundig ist, vertraute.

Bei der Ermittlung der Abstammung von Kindern, die ihren Eltern nicht ähnlich waren, war auch der Prophet (s.a.w.) unter denen, die zum Rat gezogen wurden. Beispielsweise kam ein Mann von den *Banu Fazara* zum Propheten und erzählte ihm, dass seine Frau ein dunkelhäutiges Kind zur Welt gebracht habe und er befürchte, das Kind stamme nicht von ihm. Der Prophet fragte den Mann zunächst

---

13 Vgl. Bukhari: Sahih, Fara'id, 31 (B6770); Muslim: Sahih, Rada', 39 (M3618); Abu Dawud: Sunan, Talaq, 30-31 (2267).

nach der Farbe der Kamele, die der Mann besaß. Als der Mann antwortete, sie seien rot, fragte der Gesandte Allahs: *„Und gibt es unter ihnen auch welche, die braun sind?"* Der Mann antwortete mit einem „Ja", woraufhin der Prophet ihn aufforderte, zu erklären, von wo die Bräune dieser Kamele kam. Auf die Antwort des Mannes: „Sie müssen wohl einer Ader ihrer Abstammung nachgeartet sein", erwiderte der Gesandte Allahs (s.a.w.): *„So kann auch dein Sohn einer Ader deiner Abstammung nachgeartet sein."*[14] Mit diesen Worten wies unser Prophet in einer Zeit, in der noch kein Genetik-Wissen vorhanden war, darauf hin, dass die Gene vom Träger mancher Eigenschaften von vorherigen Generationen sein können und der Erbgang auf verschiedene Arten zustande kommen kann.

In einer Gesellschaft, in der die Sozialstruktur auf dem Fundament des Volksstammes (*Qabila*) beruht, bringt das Vertauschen der Abstammung nicht nur in moralischer, sondern auch in rechtlicher Sicht, bedenkliche Konsequenzen mit sich. Der Gesandte Allahs (s.a.w.), der sich dieser möglichen Konsequenzen bewusst war, mahnte jene, die ihre eigene Abstammung, also ihre Stammeszugehörigkeit (*Nasab*) leugneten, mit harter Zunge. So gab er in einem *Hadith* bekannt, dass derjenige, der behauptet, einer anderen Abstammung als seiner eigenen anzugehören, gegenüber Allah Undankbarkeit erweist.[15] Unter Beachtung dessen, dass in der *Qabila*-Gesellschaft alle Rechte auf dem Fundament der *Qabila* geformt werden, ist diese harte Mahnung des

---

14 Bukhari: Sahih, Talaq, 26 (B5305); Muslim: Sahih, Lian, 20 (M3768); Abu Dawud: Sunan, Talaq, 27-28 (D2260).
15 Vgl. Ibn Hanbal: Musnad, II, 215 (HM7019).

Propheten an die Leugner der tatsächlichen Wahrheit und der Sozialstruktur, der sie angehören, äußerst bedeutsam.

In diesem Rahmen wurde eine weitere Mahnung des Propheten in einem Rechtstext aus der *Asr as-Sa'adah*,[16] der auch als die „niedergeschriebene *Sahifa*" von *Ali* (r.a.) bekannt ist, wie folgt festgehalten: „*Wer sich einem anderen als seinem eigenen Vater zuschreibt oder wer sich einem anderen Herrn (als dem, der ihn befreite) zuordnet, der steht unter dem Fluch Allahs, der Engel und der gesamten Menschheit. Am Tag des Jüngsten Gerichts wird Allah weder seine Reuebekundung noch seine Rechtfertigung annehmen.*"[17]

Unter den *Ahadithen*, die die Wichtigkeit der Abstammung betonen, befinden sich auch *Ahadithe*, die darauf hindeuten, dass die Verwirrung bezüglich der Abstammung von unehelichen Verhältnissen rührt. Aufgrund dieser Gegebenheit erklärte der Gesandte Allahs (s.a.w.) alle Arten der Ehe, die die Bedingungen einer regelrechten Trauung nicht innehaben und folglich nicht auf moralischen Grundlagen gegründet wurden, als nichtig[18] und fällte ein wichtiges rechtliches Urteil bezüglich der Bestimmung der Identität und Abstammung von Kindern, die aus solchen Partnerschaften geboren wurden. Demnach äußerte der Prophet, dass das Kind, egal unter welchen Umständen es geboren wurde, zur Mutter, in deren Bett es geboren wurde, und dem Vater, also deren Ehemann, gehöre. In diesem Rahmen stellt die Auseinandersetzung über die Abstammung eines Kindes

---

16 'Asr as-Sa'adah („Epoche/Zeit der Glückseligkeit") ist ein Begriff, der die Epoche beschreibt, in der der Prophet Muhammed (s.a.w.) lebte (Anm. d. Übers.).
17 Muslim: Sahih, Hadsch, 467 (M3327); Tirmidhi: Sunan, Wala wa Hiba, 3 (T2127).
18 Vgl. Abu Dawud: Sunan, Talaq, 32-33 (D2272).

zwischen *Sa'd ibn Abu Wakkas* und dem Bruder von *Sawdah bint Zam'ah* (der Ehefrau des Propheten) namens *'Abd bin Zam'ah* ein berühmtes Beispiel dar. Laut der Überlieferung von *Aischa* (r.a.) sagte *Utba bin Abu Wakkas* vor seinem Tod zu seinem Bruder *Sa'd bin Abu Wakkas*, dass der Sohn der *Dschariyah* (Konkubine) von *Zam'ah*, namens *'Abd ar-Rahman*, sein Sohn sei und *Sa'd* ihn zu sich nehmen solle. Als *Sa'd ibn Abu Wakkas* (r.a.) während der Eroberung von Mekka, bei der *'Abd bin Zam'ah* den Islam annahm, den Jungen aufhielt und sagte: „Dies ist der Sohn meines Bruders *Utba*. Es war sein Vermächtnis an mich, ihn in seinen Stamm (*Nasab*) aufzunehmen", erwiderte *'Abd bin Zam'ah*: „Dies ist mein Bruder, der Sohn der *Dschariyah* meines Vaters, er wurde im Bett meines Vaters geboren." Beide Seiten legten diese Unstimmigkeit dem Propheten vor und wiederholten ihre Behauptungen in seiner Gegenwart. Daraufhin sprach der Gesandte Allahs (s.a.w.): „*Oh 'Abd! Dieser ('Abd ar-Rahman) ist dein Bruder*", und fügte dem hinzu: „*Das Kind gehört zum Besitzer des Bettes (dem Vater). Was den Mann, der Unzucht beging, betrifft; er ist jeglichen Rechten über das Kind entbehrt.*" Als der Prophet anschließend bemerkte, dass das Kind, welches Grund der Auseinandersetzung war, *Utba* ähnelte, sagte er zu seiner Ehefrau *Sawdah bint Zam'ah*: „*Sawdah! Wenn du mit 'Abd ar-Rahman verkehrst, so handle von nun an nach der Verhüllungsbestimmung des Korans.*" Nach diesem Geschehnis erblickte *'Abd ar-Rahman Sawdah* (r.a.) nicht mehr.[19] Somit erkannte der Gesandte Allahs (s.a.w.) dem biologischen Vater, egal wer er sein mochte, aufgrund der begangenen Unzucht keine Rechte über das Kind zu. Und selbst im Falle, dass das Kind nach der Geburt nicht

---

19 Bukhari: Sahih, Buyu', 3, 100 (B2053).

dem (ehelichen) Vater ähnelte und somit sein wahrer Vater bekannt wurde, und obwohl er seinen Ehefrauen befahl, in den Verwandtschaftsbeziehungen den Abstand zu wahren, fällte er dieses Urteil.

Dass in der Zeit des Propheten die Bestimmung der Identität beziehungsweise der Abstammung vor allem in *Muamalat*[20]-Angelegenheiten wie dem Ehe-, Erb- und Strafrecht von großer Wichtigkeit war, führte dazu, dass diesbezügliche Unstimmigkeiten und Streitigkeiten oft vorkamen. Jedoch urteilte der Prophet Muhammed (s.a.w.) stets nach der Gesetzmäßigkeit. So sagte ein Mann in einer ähnlichen Begebenheit während der Eroberung von Mekka: „Oh Gesandter Allahs! So und so ist mein Sohn. Denn ich schlief in der *Dschahiliyyah*-Zeit mit seiner Mutter", worauf der Gesandte Allahs (s.a.w.) sagte: *„Im Islam hat eine Person nicht das Recht dazu, zu behaupten, das Kind einer Frau, die nicht unter seiner Ehe steht, wäre seines. Die Bestimmungen der Dschahiliyyah-Zeit sind außer Kraft. Das Kind gehört zum Besitzer des Bettes (zum ehelichen Vater). Der Unzucht Treibende hingegen ist jeglichen Rechten über das Kind entbehrt."*[21]

Klagen solcher Art wurden auch nach der Lebenszeit des Propheten (s.a.w.) erlebt. Das Ereignis, das dem dunkelhäutigen *Mawali*[22] *Rabah al-Qufi* zur Zeit des Kalifen *Uthman* (r.a.) widerfuhr, ist Aufmerksamkeit erregend. *Rabah*,

---

20 *Muamalat* ist ein Begriff, der alle Angelegenheiten des *Fiqh* (der islamischen Rechtswissenschaft) beschäftigt, die nicht in den Bereich der Ibadah (Glaubenspraxen) fallen (Anm. d. Übers.).
21 Abu Dawud: Sunan, Talaq, 33-34 (D2274); Ibn Hanbal: Musnad, II, 180 (HM6681).
22 Als *Mawali* wird eine Person bezeichnet, die selbst nicht von arabischer Abstammung ist, jedoch in einem Schutzverhältnis zu einem arabischen Volksstamm (*Qabila*) steht (Anm. d. Übers.).

dem von seiner byzantinischen Ehefrau zwei Söhne geboren wurden, die wie er selbst dunkelhäutig waren und die er *Abdullah* und *'Ubaydullah* nannte, war äußerst verblüfft, als das dritte Kind seiner Ehefrau hellhäutig war. Daraufhin erzählte ihm seine Ehefrau, dass das Kind von einem anderen Mann abstamme und dieser sie zum Beischlaf zwingend schwängerte, wurde es zum Problem, bei wem das Kind nun bleiben sollte. Als die Uneinigkeit *Uthman* (r.a.) übermittelt wurde, erinnerte er an den Befehl des Gesandten: *„Das Kind gehört zum Besitzer des Bettes (zum ehelichen Vater)"*, und bestimmte, dass das Kind zum rechtmäßigen Ehemann der Kindesmutter, *Rabah,* gehöre. Auf diese Weise wurde das Urteil, wonach die das Kind betreffenden Rechte nicht nach der biologischen, sondern der rechtlichen Angehörigkeit bestimmt werden, nach dem Propheten ein weiteres Mal gefällt.

Dass die Abstammung (*Nasab*) rechtliche Konsequenzen mit sich bringt, wurde nur dann als möglich erachtet, wenn das Kind dem Vater zugeschrieben wird. Mit anderen Worten wurde bei der Zuschreibung des Kindes nicht die Mutter, sondern der Vater als Grundlage genommen. Während der Prophet beispielsweise in einem *Hadith*, in dem er diejenigen, die ihre Abstammung leugnen, mit den Worten: *„Derjenige, der behauptet, zu einem anderen als seinem eigenen Vater zu gehören, möge sich auf seinen Platz in der Hölle vorbereiten"*[23], missbilligte, verkündet er in einem anderen *Hadith*: *„Derjenige, der seinen eigenen Vater wissend, behauptet, der Sohn eines anderen als seines Vaters zu sein, dem ist das*

---

23 Bukhari: Sahih, Manaqib, 5 (B3508).

Paradies verboten"²⁴, und verweist somit darauf, dass bei der Abstammung grundsätzlich der Vater geltend ist.

Unser Prophet Muhammed (s.a.w.) bezwecke, die Gesinnung der *Dschahiliyyah*-Araber, die auf der *Asabiyyah* beruhte, abzuschaffen, und anstelle dieser das Verständnis vorherrschen zu lassen, wonach die Glaubensgeschwisterlichkeit²⁵ zugrunde lag und nach dem die Menschen die Kinder des gleichen Vaters waren.²⁶ Die Menschheit wurde aus einem Mann und einer Frau erschaffen.²⁷ Dass sie in verschiedenen Stämmen und Rassen mit unterschiedlichen Hautfarben und Sprachen erschaffen wurden,²⁸ trug nicht etwa das Ziel, dass sie sich spalteten und die Oberhand gegeneinander erlangen sollten, sondern die Weisheit, dass sie sich gegenseitig kennenlernten²⁹ und in rechtschaffenen Werken wetteiferten.³⁰ Diese offenbarten Botschaften Allah Ta´alas geben kund, dass der Mensch seinen Wert nicht in seiner biologischen Beschaffenheit und Abstammung, sondern in moralischen und glaubensspezifischen Tugenden wie der Güte, dem Heil, der Gerechtigkeit und *Taqwa*³¹ findet. Insbesondere in der heutigen Zeit, in der aufgrund regionaler Interessen globale Katastrophen herrschen und in der aufgrund der Massen- und Völkermorde Identitäten bedroht sind, ist die Menschheit umso mehr darauf angewiesen, den Geboten des edlen Korans Gehör zu schenken.

---

24 Bukhari: Sahih, Fara'id, 29 (B6766).
25 Vgl. Koran: al-Hudschurat, 49/10.
26 Vgl. Koran: an-Nisa, 4/1.
27 Vgl. Koran: al-Hudschurat, 49/13.
28 Vgl. Koran: ar-Rum, 30/22.
29 Vgl. Koran: al-Hudschurat, 49/13.
30 Vgl. Koran: al-Maida, 5/48.
31 *Taqwa* Gottesfurchht) beschreibt die Sorgfalt hinsichtlich der Einhaltung von religiösen Geboten und Verboten (Anm. d. Übers.).

Die Botschaft des letzten Propheten, die er vor tausendvierhundert Jahren an die Menschen vermittelte, die um die Übermacht ihrer eigenen Volksstämme wetteiferten, ist am heutigen Tag von noch größerer Bedeutung: *„Allah behob den Stolz der Dschahiliyyah und die Gepflogenheit, mit den Vorahnen zu prahlen. (Nun gibt es den Unterschied zwischen) ‚dem Gläubigen mit Taqwa' und ‚dem bedauernswerten Sünder'. Die Menschen sind die Kinder Adams, Adam hingegen wurde aus der Erde erschaffen."*[32]

Die Menschen haben psychologische und soziale Beziehungen zu der Familie, der Völkergemeinschaft oder dem Stamm, dem sie angehören. Es ist äußerst natürlich, dass sie das Bedürfnis verspüren, sich dementsprechend über diese Sozialstrukturen, mit denen sie in Verbindung stehen, zu charakterisieren. Dass das Zugehörigkeitsgefühl sich jedoch über ein Bedürfnis hinaus in eine außergewöhnliche Sorge entwickelt, facht die Diskriminierung an und verleitet zu Spaltungen jeder Art. Dass der Gesandte Allahs (s.a.w.) diejenigen mahnte, die aufgrund der *Asabiyyah*, der Angst um das soziale Ansehen und ähnlichen Erwägungen ihre Sippen in den Vordergrund zu rücken versuchten, hatte das Ziel, eben diese Arten der Spaltung zu verhindern. Als unser Prophet während der Schlacht von *Uhud* hörte, wie *Ukba*, der ein im Iran beheimateter befreiter Sklave war, einem *Muschrik* einen tödlichen Schlag verpassend rief: „Hier, das ist von mir. Ich bin ein persischer Jugendlicher!", sagte er: *„[...] Hättest du doch: ‚Ich bin ein Jugendlicher aus den Ansar!', gesagt?"*[33] , und betonte mit diesen Worten, dass nicht

---

[32] Tirmidhi: Sunan, Manaqib, 74 (T3956).
[33] Ibn Madscha: Sunan, Dschihad, 13 (IM2784); Abu Dawud: Sunan, Adab, 111-112 (D5123).

die ethnische, sondern die sozio-kulturelle Angehörigkeit von Bedeutung ist. Denn, Perser zu sein, betrifft die Blutsabstammung. Zu den *Ansar* zu gehören hingegen ist eine Angehörigkeit, die den Glauben, die Überzeugungen, die Moral, die Richtlinien und die Ideale betrifft.

All dies hat selbstverständlich nicht zu bedeuten, dass die Abstammung des Menschen keinerlei Bedeutung trägt. Ganz im Gegenteil ist die Abstammung (*Nasab*) einer der Grundrechte, die der Islam zu schützen bezweckt. Dies hat mehrere Gründe. Beispielsweise ist die Abstammung ein unleugbares Kriterium in der Ehe. Der Islam regt dazu an, dass die Person aufgrund des Einflusses der Verwandtschaftsbeziehungen ihre eigene Abstammung kennt. Denn die solide Erhaltung der Verwandtschaftsbeziehungen, denen im Islam ein großer Wert beigemessen wird, hängt vom Kennen der Abstammung ab. So überlieferte beispielsweise *Abu Hurayrah* (r.a.), dass der Prophet Muhammed (s.a.w.) sagte: „*Kennt eure Familie, um die Verwandtschaftsbeziehungen zu erhalten. Denn das Lebendig-Halten der Beziehungen zwischen Verwandten stärkt die Bande der Liebe in der Familie, macht den Menschen wohlhabend und bereichert das Leben.*"[34]

Während der Islam einerseits das ständige Plädieren und Diskutieren bezüglich der Abstammung, die Spaltungen und Unruhen zu Folge hat, verbietet, fördert er andererseits die Kenntnis über die Abstammung, die zur sozialen Nähe und zum sozialen Zusammenhalt führt. Der Islam verlangt vom Menschen, dass er seine Familie akzeptiert, seine Identität annimmt, sein Selbst aber aufgrund dieser

---

34 Tirmidhi: Sunan, Birr wa Sila, 49 (T1979); Ibn Hanbal: Musnad, II, 374 (HM8855).

nicht als überlegen ansieht. In diesem Rahmen ist zu verstehen, dass die Abstammung und Angehörigkeit weder in religiöser, noch in rechtlicher, politischer oder sozialer Hinsicht eine Überlegenheit verschafft, aber bezüglich der gesellschaftlichen und bürgerlichen Beziehungen eine große Bedeutung besitzt. Insbesondere in der heutigen Zeit, in der die Grenzen zwischen den Ländern immer weiter an Bedeutung verlieren und unterschiedliche Identitäten vereinende globale Beziehungen vorherrschen, sind die Maßnahmen, die der Islam zur Verhinderung von ethnischer Diskriminierung bestimmte, von großer Wichtigkeit. Während der edle Koran verkündet: *„Wenn dann ins Horn geblasen wird, dann wird an jenem Tag zwischen ihnen keine Verwandtschaft mehr geben, und sie fragen nicht mehr nach dem anderen"*[35], verkündet unser Prophet, appellierend an sein Volk, das in der *Dschahiliyyah*-Zeit sein Leben auf der Besessenheit nach der *Qabila* und dem Rassismus erbaute: *„[...] Jemanden, den seine Taten zurücklassen, kann seine Verwandtschaft nicht voranbringen."*[36] Somit wird sowohl im heiligen Koran als auch in den *Ahadithen* bekannt gegeben, dass nicht die Abstammung oder die ethnische Zugehörigkeit, sondern die *Salih Amal*, das heißt, die guten, rechtschaffenen Taten, maßgebend sind.

---

35 Koran: al-Mu´minun, 23/101.
36 Muslim: Sahih, Dhikr wa Dua, 38 (M6853); Tirmidhi: Sunan, Qira'ah, 10 (T2945).

DIE RECHTE DER KINDER: AUCH DIE KLEINEN HABEN RECHTE

Als die beiden kleinen Jungen, zwischen denen nur ein Jahr lag, in *Masdschid an-Nabawi* (Moschee des Propheten) eintraten, lauschten gerade alle Anwesenden aufmerksam der *Hutba* (Predigt).[1] Auch wenn die beiden Jungen mit den roten Hemden nur tapsig vorankamen und mit ihren unerfahrenen Schritten strauchelten, schienen sie doch entschlossen, ihren Großvater auf dem *Minbar*[2] zu erreichen. Der Gesandte Allahs (s.a.w.) liebte seine beiden Enkelsöhne *Hasan* und *Husayn* so innig, dass er nicht über sie hinwegsehen und mit der Predigt fortfahren

---

1 *Hutba* bezeichnet die Predigt, die nach dem rituellen Freitagsgebet und nach dem rituellen Festtagsgebet (Salah al-Eid) gehalten wird (Anm. d. Übers.).
2 *Minbar* bezeichnet die Kanzel in der Moschee, auf der der Imam die Hutba (Predigt) hält (Anm. d. Übers.).

konnte. Unter den erstaunten Blicken der Gemeinde stieg er die drei Stufen des *Minbar* hinab und nahm die beiden Kinder in seine Arme, über die er bei einer anderen Gelegenheit sagte, dass sie die Vorreiter unter den jungen Leuten im Paradies sein werden.³ Als er wieder auf den *Minbar* stieg, um mit seiner Predigt fortzufahren, sagte er: *„Wie vortrefflich sprach doch Allah, als Er sagte: ‚Und wisset, dass euer Besitz und eure Kinder nur eine Versuchung sind.'⁴ Als ich diese beiden Kinder so herantapsen sah, ließ ich es mir nicht nehmen, das Wort zu unterbrechen und sie in die Arme zu nehmen."*⁵

---
3   Vgl. Tirmidhi: Sunan, Manaqib, 30 (T3768).
4   Koran : al-Anfal, 8:28.
5   Tirmidhi: Sunan, Manaqib, 30 (T3774); Nasa'i: Sunan, Dschum'a, 30 (N1414).

Der Prophet Muhammed (s.a.w.) war nicht wütend geworden, als seine Enkelkinder die Moschee betraten. Ganz im Gegenteil, es hatte ihn sehr erfreut. Es hatte ihn sogar so sehr erfreut, dass er in dieser Aufregung sein Wort unterbrach und nicht davor zurückschreckte, offen zu zeigen, wie sehr er seine Enkelkinder liebte. Diese Liebe ist dem Menschen nämlich schon bei seiner Schöpfung gegeben, ist seitdem ein Teil seines Wesens und ist ihm ins Herz gelegt. Allah Ta´ala gab dem Menschen schließlich den inneren Antrieb nach Elternschaft, und den Wunsch, Kinder zu bekommen und seine Spezies fortzusetzen.[6] Und Er wies auch die Gebete unzähliger Seiner Diener nicht zurück, die sich verzweifelt nach einem Kind sehnten, und Ihn darum anflehten.[7]

Doch sollte bei alle dem eines nicht übersehen werden. Unser Prophet (s.a.w.) verkündete nämlich nicht nur, wie sehr er seine Enkelkinder liebte, sondern gab auch zu verstehen, dass solch eine innige Liebe manchmal auch zu einer Schwäche führen kann. Damit hatte er also die Aufmerksamkeit auf den Umstand gelenkt, dass die Liebe zu den Kindern eine der härtesten Prüfungen für den Menschen ist. Als er einen der Verse vortrug, mit dem Allah Ta´ala Seine Diener davor warnte, war es, als wollte Er ihnen sagen: „Passt auf, dass ihr euch nicht von eurer Liebe überwältigen lasst und zu den Verlierern gehört!" So gab Allah Ta´ala zu wissen, dass Kinder, so lieb sie dem Menschen auch sein mögen und so sehr sie auch zu einer der schönsten Gaben dieser Welt gehören,[8] ihm doch eine Prüfung sind: *„Und*

---

6 Vgl. Koran: al-A´raf, 7/189.
7 Vgl. Koran: al-Baqara, 2/128; Al´Imran, 3/35,38; Maryam: 19/5-6.
8 Vgl. Koran. Al´Imran, 3/14; al-Kahf, 18/46.

wisset, dass euer Besitz und eure Kinder nur eine Versuchung sind, aber gewaltiger Lohn bei Allah ist."[9]

Eltern sind nicht die Besitzer ihrer Kinder. Sie behüten nur eine ihnen anvertraute Gabe (*Amanah*).[10] Denn mit diesem Kind wünschte Allah Ta´ala, ein neues Lebewesen auf die Welt zu schicken und beauftragte seine Eltern damit, dieses Lebewesen entstehen zu lassen, es auf die Welt zu bringen und großzuziehen. Eltern haben also eine immense Verantwortung vor dem Besitzer dieser anvertrauten Gabe, vor Allah, Dem Erhabenen Schöpfer. Sie stehen in der Pflicht, dieses kleine Lebewesen, das Er ihnen anvertraut hat, vernünftig großzuziehen. Sie müssen es behüten wie den eigenen Augapfel und dürfen es auf keinen Fall im Stich lassen. Dies bedeutet, dass sie mit dem Kind nicht umgehen können, wie sie wollen. Denn es wird der Tag kommen, da sie Allah Ta´ala Rechenschaft geben werden darüber, wie sie Seine anvertraute Gabe (*Amanah*) geformt und es großgezogen, womit sie es ernährt und unter welchen Umständen bewahrt haben.

Kinder, die Zierde des weltlichen Lebens,[11] sind nicht zuletzt deshalb eine schwierige Prüfung, weil sie den Menschen so sehr in Anspruch nehmen, dass es ihm fast die ganze Zeit raubt. Eltern kümmern sich Tag und Nacht um ihr Kind und sind dazu verpflichtet. In ihrem Leben dreht sich alles um das Kind und seine Entwicklung. Kaum hat man etwas für es erledigt, meldet es sich auch schon wieder mit einem anderen Bedürfnis. Noch bevor ein Problem gelöst ist, das das Kind bereitet, steht schon das nächste

---

9   Koran: al-Anfal, 8/28; al-Mu´minun, 23/55-56.
10 Vgl. Muslim: Sahih, Fada'il as-Sahaba, 107 (M6322).
11 Vgl. Koran: al-Kahf, 18/46.

vor der Tür. Dabei darf der Mensch bei alledem auch den Hauptzweck seines eigenen Lebens nicht aus den Augen verlieren. Und wenn er noch so sehr in Liebe mit seinem Kind verbunden ist, und sich darum bemüht, ihm das Leben beizubringen, damit es mal auf den eigenen Beinen stehen kann. Bei all der Beschäftigung mit ihrem Kind dürfen Eltern ihre eigentliche Aufgabe nicht aus den Augen verlieren. Nämlich ein Leben zu führen im Bewusstsein um ihre Dienerschaft zu Allah Ta´ala. Das Kind darf für den Menschen nicht zum Hauptzweck und zur einzigen Sorge in seinem Leben werden und ihn erst recht nicht zu Hochmut und Maßlosigkeit verführen.[12] Schließlich darf er nicht vergessen, dass sich diejenigen irren und zu den Verlierern gehören, die folgende Ermahnung nicht beachten: *„Oh, die ihr glaubt! Lasst euch nicht durch euer Hab und Gut und durch eure Kinder vom Gedenken an Allah abbringen."*[13]

Ein Kind ist eine unermessliche Gabe. Doch wie jede Gabe bringt auch diese Verantwortung mit sich, wenn sie in das Leben des Menschen tritt. Unzählige Prüfungen warten auf die Eltern, sie werden ihnen von ihren Kindern einfach auferlegt, in Erwartung, dass die Eltern sie lösen oder sich angesichts ihrer in Geduld üben. Die Eltern ziehen ihr Kind ihrer selbst vor, verzichten auf eigene Bedürfnisse wie Essen und Trinken oder auch Kleidung, nur, um ihrem Kind davon zu geben. Es ist die folgende Hoffnung, die sie dabei hegen, denn sie wissen, dass sich einst Folgendes zugetragen hat: Eine Mutter, die sich gerade eine Dattel in den Mund führen wollte, die ihr gegeben wurde, sah im letzten Moment davon ab, um sie unter ihren Kindern aufzuteilen, die

---

12 Vgl. Koran: al-Hadid, 57/20; al-Qalam, 68/14
13 Koran: al-Munafiqun, 63/9; siehe auch as-Saba, 34/37.

danach verlangten. Unser Prophet sagte dann über sie: „*Nur wegen dieser Dattel hat Allah verfügt, dass sie in das Paradies kommt, beziehungsweise, dass sie wegen dieser Dattel von den Flammen der Hölle freigesprochen wird.*"[14] Manche verlieren sogar den Ehepartner und stemmen die Verantwortung für das Kind dann allein, sind Vater und Mutter zugleich. Sie sehnen sich nach der Nachbarschaft des Propheten, denn er (s.a.w.) ließ sie wissen: „*Eine Frau, die ihren Ehemann verliert und zur Witwe wird, aber nicht wieder heiratet, obwohl sie schön und edel ist, nur, um sich für ihre Waisen aufzuopfern, bis diese selbst heiraten und einen eigenen Hausstand haben oder bis zu ihrem Tod, und deren Wangen dafür dunkel werden/einfallen (weil sie in der Sonne arbeitet), und ich, wir werden uns im Paradies so nahe sein, wie diese beiden Finger von mir.*"[15]

Manchmal ist das Kind mit Krankheit und Gesundheit eine Prüfung. Auch wenn es schon längst erwachsen oder gar verheiratet ist: Hat es Fieber, werden die Eltern unruhig und es tut ihnen unsäglich leid. Wie bei *Abu Bakr* (r.a.): Als er vernahm, dass seine geliebte Tochter *Aischa* (r.a.) Fieber und Schüttelfrost hatte, eilte er sofort zu ihr. Er küsste sie zunächst und drückte sie an sich, bevor er sie nach ihrer Gesundheit fragte.[16] Ein anderes Mal wird die „Abwesenheit" des Kindes durch seinen Tod oder Verlust zum Test. Und wenn die Eltern noch so traurig sind über den Verlust ihres Kindes, der Trauer schlägt nicht um in Auflehnung oder Rebellion gegen Allah Ta´ala. Sie versuchen, standhaft zu bleiben und sich in Geduld zu üben. Genau wie der

---

14 Muslim: Sahih, Birr wa Sila, 148 (M6694).
15 Abu Dawud: Sunan, Adab, 120-121 (D5149); Ibn Hanbal: Musnad, VI, 28 (HM24507).
16 Vgl. Abu Dawud: Sunan, Adab, 146-147 (D5222).

Gesandte Allahs (s.a.w.) als sein erst kleiner Sohn *Ibrahim* in seinen Armen im Sterben lag. Er drückte ihn ans Herz und vergoss Tränen.[17] Die frohe Botschaft des Propheten der Barmherzigkeit lindert den Schmerz der Eltern ungemein. Denn sie wissen davon und leben in der Hoffnung, dass ein Kind, das noch im zarten Alter verstarb, ihnen zum Schutzschild wird vor den Flammen der Hölle.[18] Nach den Worten des Gesandten werden diese Kinder eines Tages vorneweg schreiten und verhindern, dass ihre Eltern in die Hölle kommen.[19] Sie werden ihnen die Tore zum Paradies öffnen,[20] sie an den Händen nehmen und ins Paradies führen.[21]

So manches Mal werden all die Prüfungen und Anstrengungen, die sie dem Menschen gekostet haben, belohnt, und es wird eine Freundschaft mit dem Kind aufgebaut, die bis hin zum gemeinsamen Eintritt ins Paradies führt.[22] Manchmal aber treffen seine Anstrengungen trotz allem nicht auf Gegenliebe und die Bemühungen bleiben ergebnislos – das eigene Kind wird ihm zum Feind.[23] Auch wenn die Eltern nicht wissen, ob ihre Kinder durch all ihren Einsatz zu Individuen werden, die der Gesellschaft dienlich sind, sie haben zunächst ihre Pflichten als Eltern zu erfüllen.

Und Verantwortung bedeutet nicht nur, dass die eigenen Interessen geschützt werden, sondern auch die seines Gegenübers. Insbesondere wenn dieses ein so zartes und schutz-

---

17 Vgl. Muslim: Sahih, Fada'il, 62 (M6025).
18 Vgl. Bukhari: Sahih, Ayman wa Nuzur, 9 (B6656); Muslim: Sahih, Birr wa Sila, 150 (M6696).
19 Vgl. Muslim: Sahih, Birr wa Sila, 152 (M6699).
20 Vgl. Nasa'i: Sunan, Dschana'iz, 120 (N2090).
21 Vgl. Ibn Hanbal: Musnad, II, 488 (HM10366).
22 Vgl. Koran: ar-Rad, 13/23.
23 Vgl. Koran: at-Taghabun, 64/14.

loses Wesen ist wie ein Kind, dass seine Rechte nicht selbst einfordern kann. In diesem Fall ist es umso wichtiger, dass seine Rechte geachtet und nicht verletzt werden. Denn ein Kind, das unterdrückt wird und dessen Rechte missachtet werden, wird nie erfahren, was es bedeutet, Vertrauen zu empfinden. Es wird auch nicht wissen, was Gerechtigkeit bedeutet und das Glück nicht erleben, sein Recht zu bekommen – dieses Gefühl wird es gar nicht erst kennenlernen. Und es kommt dann noch schlimmer: Es wird lernen, später auch selbst die Schwächeren zu unterdrücken. Als gescheiterter Mensch, der von verantwortungslosen Eltern großgezogen wurde, wird es auch selbst missratene Kinder großziehen. Es ist offensichtlich, wie negativ sich eine solche Spirale auf die Gesellschaft auswirkt. Daher sollten die Rechte der Kinder, die sie als Menschen schon ab der Geburt haben, nicht verletzt werden, und es muss darauf geachtet werden, dass diese respektiert werden und die Wertschätzung erhalten, die sie verdienen.

Der Gesandte Allahs (s.a.w.) ermahnte einst *Abdullah Ibn 'Amr ibn al-'As*[24]: *„Dein Kind hat Anrechte auf dich"*[25] Und zu diesen Rechten, auf die der Prophet damit aufmerksam machen wollte, gehört allem voran, dass Eltern ihr Kind mit Bittgebeten empfangen, noch bevor es im Bauch der Mutter zu entstehen beginnt. Eltern müssen, bevor sie – als ersten Schritt seines Werdens – körperlich zusammenkommen, sowohl für sich als auch für das künftige Kind Zuflucht bei Allah Ta´ala suchen und Ihn anflehen, dass Er den Teufel von ihnen fernhält.[26] Sobald sie dann merken, dass sie ein

---

24 Vgl. Muslim: Sahih, Siyam, 182 (M2730).
25 Muslim: Sahih, Siyam, 183 (M2731).
26 Vgl. Bukhari: Sahih, Wudu', 8 (B141); Muslim: Sahih, Nikah, 116 (M3533).

Kind bekommen, haben sie dieses Kind von ganzem Herzen zu akzeptieren.

Der Herr der Schöpfung verkündete: „*Allahs ist das Reich der Himmel und der Erde. Er erschafft, was Er will. Er schenkt Mädchen, wem Er will, schenkt Jungen, wem Er will. Oder Er gibt ihnen beides, Jungen und Mädchen. Und Er macht unfruchtbar, wen Er will. Er ist fürwahr wissend und mächtig.*"[27] Mit anderen Worten: Ob ein neues Lebewesen das Licht der Welt erblickt, hängt also allein von Seinem Entschluss ab. Und keiner hat das Recht, diesen Entschluss abzulehnen. Dabei hat der Mensch seit je her so manchem Kind das Recht auf sein Leben genommen, entweder indem er es noch vor seiner Geburt beseitigt oder ihn nach seiner Geburt bei lebendigem Leibe begraben hat.

Ein Kind zu bekommen, gehört eigentlich zu den innigsten Wünschen des Menschen. Manchmal kommt ein solches Kind aber unerwartet oder ist gar ungewollt. Ein unschuldiges Kind sollte aber nicht den Preis dafür zahlen, dass es in Missstände geboren wird oder dass die Eltern keine Lust auf Elternschaft haben. Daher sagte unser Prophet (s.a.w.): „*Wer wissend sein eigenes Kind leugnet (leugnet, dass es von ihm ist), dem wird Allah (am Jüngsten Tag) Seine Barmherzigkeit verweigern und ihn vor jedermann bloßstellen.*"[28]

Eine Familie, die nur mit Not über die Runden kommt, sollte sich folgenden Vers in Erinnerung rufen, wenn ein neues Familienmitglied sich einstellt und mit ernährt werden muss: „*Und tötet eure Kinder nicht aus Furcht vor Verarmung.*

---

27 Koran:asch-Schura, 42/49-50.
28 Abu Dawud: Sunan, Talaq, 28-29 (D2263); Ibn Hanbal: Musnad, II, 26 (HM4795).

Wir werden sowohl sie wie auch euch versorgen. Sie zu töten ist wahrlich eine große Sünde."[29] Auch unser Prophet (s.a.w.) zählte diese Untat, sein Kind aus Angst, es würde einem die Nahrung streitig machen, zu töten, unter den größten Sünden auf.[30] Als sich die medinensischen Muslime in *Aqaba* zum ersten Mal mit ihm trafen, um ihren Glauben und ihm die Treue zu schwören, nahm er ihnen das Versprechen ab, dass sie ihre Kinder nicht töten werden.[31] Für Allah Ta´ala und für Seinen Gesandten ist das Verhindern der Geburt eines Kindes offensichtlich dasselbe, wie die grundlose Tötung eines Erwachsenen.

Und ein Kind nicht am Leben zu lassen, nur weil es ein Mädchen ist, ist wiederum eine unbeschreibliche Gräueltat und eine große Sünde.[32] Wie wird ein Vater, dessen Gesicht, wie das eines Polytheisten der *Dschahiliyyah* schwarz anläuft, wenn ihm die Kunde gegeben wird, dass ihm eine Tochter geboren wurde, und der voller Scham nach einem Ausweg sucht, um sie loszuwerden,[33] diese beschämende Handlung dereinst erklären können? Zumal Allah Ta´ala ihn daran erinnerte, dass Er es ist, Der sowohl die Frau als auch den Mann erschafft.[34] Was wird er Ihm antworten, wenn er im Jüngsten Gericht gefragt wird, wegen welcher Schuld das Mädchen lebendig begraben wurde[35] oder weswegen es noch im Mutterleib durch einen Schwangerschaftsabbruch getötet wurde? Hatte der Prophet denn nicht gesagt: „*Wer*

---

29 Koran: al-Isra, 17/31; siehe auch An´am, 6/140, 151.
30 Vgl. Bukhari: Sahih, Adab, 20 (B6001); Muslim: Sahih, Iman, 141 (M257).
31 Vgl. Bukhari: Sahih, Iman, 11 (B18); Bukhari: Sahih, Tawhid, 31 (B7468).
32 Vgl. Bukhari: Sahih, Adab, 6 (B5975); Bukhari: Sahih, I'tisam, 3 (B7292).
33 Vgl. Koran: an-Nahl, 16/58-59; az-Zuhruf, 43/17.
34 Vgl. Koran: an-Nadschm, 53/45-46.
35 Vgl. Koran: at-Takwir, 81/8-9.

auch immer wegen seiner Töchter Mühsal erleidet, dem werden diese Töchter zum Schutz vor dem Feuer der Hölle."[36] Hatte er denn nicht mit diesen Worten darauf hingewiesen, dass das Aufziehen von Töchtern genauso viel Belohnung mit sich bringt wie Mühen, und hatte er den Eltern, die eine Tochter aufziehen und sie dabei gut erziehen, nicht die frohe Kunde vom Eingang ins Paradies gebracht?[37]

Ein Kind ist noch im Mutterleib auf den Schutz seiner Eltern angewiesen. Die Eltern müssen es vor Situationen bewahren, die Gewalt und Spannungen beinhalten, auch müssen sie darauf achten, dass das Kind mit Nahrungsmitteln ernährt wird und heranwächst, die *Halal* (von Allah erlaubt) und gesundheitlich unbedenklich sind. Dazu gehört auch, dass sie das werdende Kind nicht schädlichen Stoffen wie dem Zigarettenrauch aussetzen und darauf Acht geben, dass kein Alkohol oder anderweitige schädliche Substanzen in sein Blut gelangen. Ob Junge oder Mädchen, jedes Kind, das auf die Welt kommt, verdient die volle Aufmerksamkeit seiner Eltern. Ein Kind hat ab seinem ersten Lebenstag das Recht, Güte von seinen Eltern zu erfahren. Die ersten Glieder dieser „Kette der Wohltaten", die es zeit seines Lebens erfahren wird, bilden die Aufgaben der Eltern, die direkt bei seiner Geburt das Kind in Empfang nehmen. Der Gesandte Allahs (s.a.w.) hatte den Brauch, einem neugeborenen Kind einen Namen zu geben, der genauso wohlklingend war wie auch Wohl verheißend in seiner Bedeutung,[38] zudem ein Stück von einer Dattel weich zu kauen und sie in den

---

36 Bukhari: Sahih, Zakah, 10 (B1418); Muslim: Sahih, Birr wa Sila, 147 (M6693).
37 Vgl. Abu Dawud: Sunan, Adab, 120-121 (D5147); Ibn Hanbal: Musnad, I, 363 (HM3424).
38 Vgl. Muslim: Sahih, Adab, 12 (M5601).

Mund des Kindes zu geben, damit es etwas Süßes bekam, und schließlich ein Bittgebet für das Kind zu sprechen.[39] Mit dieser kleinen Zeremonie, die der Prophet Muhammed (s.a.w.) innerhalb von sieben Tagen nach der Geburt des Kindes für angebracht hielt,[40] erhält das Baby seinen Namen und es wird ihm der *Adhan* (Gebetsruf) ins Ohr gerufen.[41] Zudem wird als Almosen für das Kind Silber im Gegenwert des Gewichts seiner geschorenen Haare verteilt[42] und ein *Aqiqah*-Opfer als Danksagung dargebracht.[43] Somit werden die Eltern sich sowohl bei Allah Ta´ala bedankt haben, Der ihr Kind wohlauf auf die Welt gesandt hat, als auch ihrem Kind ein erstes Geschenk machen, das ihm in dieser Form auch zusteht.

Dass es angezogen und ernährt wird, ist dann ein natürliches Recht des Kindes.[44] Es muss auch alles unternommen werden, damit das Kind von der Mutter gestillt werden kann. Schließlich wuchs auch der Prophet Moses (a.s.), selbst im Palast des Pharao, an der Brust seiner eigenen Mutter auf.[45] Unser Prophet (s.a.w.) erlaubte nicht einmal, dass das Kind einer im Krieg gefangen genommenen Mutter getrennt und es verkauft wurde: „*Wer Mutter und Kind trennt, den wird Allah am Jüngsten Tag von seinen Liebsten trennen.*"[46] Was für eine Drohung! Der Gesandte Allahs (s.a.w.) betonte also,

---

39 Vgl. Bukhari: Sahih, ʿAqiqah, 1 (B5467); Muslim: Sahih, Adab, 25 (M5616).
40 Vgl. Nasa'i: Sunan, Aqiqah, 5 (N4225); Tirmidhi: Sunan, Adab, 63 (T2832).
41 Vgl. Tirmidhi: Sunan, Adahi, 16 (T1514); Abu Dawud: Sunan, Adab, 106-107 (D5105).
42 Vgl. Tirmidhi: Sunan, Adahi, 19 (T1519); Malik: Muwatta', Aqiqah, 1 (MU1071).
43 Vgl. Tirmidhi: Sunan, Adab, 63 (T2832); Nasa'i: Sunan, Aqiqah, 5 (N4225).
44 Vgl. Koran: al-Baqara, 2:233; Loqman,31:14; al-Ahkaf, 46/15.
45 Vgl. Koran: al-Kasas 28/12-13.
46 Tirmidhi: Sunan, Buyuʿ, 52 (T1283); Darimi: Sunan, Siyar, 39 (DM2507).

dass das Kind ein Recht darauf hat, im Schoß der Mutter groß zu werden.⁴⁷ Er wünschte sich natürlich nachfolgende Generationen, die sowohl materiell als auch seelisch-geistig vor allen möglichen Gefahren geschützt waren.

Das Kind hat nicht nur ein Recht darauf, von der Mutter Liebe und Güte zu erfahren, sondern auch von seinem Vater. Der heilige Koran erzählt nicht nur von Müttern und ihren Kindern. Besonders geht einem zu Herzen, dass er auch die Sehnsucht erfüllten Sätze eines Vaters wiedergibt, der seinem Sohn sehr zugetan war. Es sind die Worte des Propheten Yaqub/Jakob (a.s.); Worte voller Sehnsucht und Liebe, die seinem Sohn Yusuf/Josef (a.s.) galten.⁴⁸ Auch die Verse, die vom Propheten Ibrahim/Abraham (a.s.) erzählen, berichten, wie er seinem Wort treu blieb, das er seinem Herrn gab, es aber auch nicht übers Herz brachte, seinen Sohn Ismail/Ismael (a.s.) zu opfern, sollten einem zu denken geben.⁴⁹ Ist es nicht auch eine Fortsetzung der prophetischen Tradition, dass der Gesandte Allahs (s.a.w.) alle Kinder um sich herum umarmte, nicht nur als Vater und Großvater, sondern auch als Prophet der *Ummah* (Glaubensgemeinschaft)? Kann es nicht sein, dass dies dem Umstand geschuldet war, dass er damit diese Tradition der Propheten fortsetzte?

Ein Kind gedeiht mit Liebe, es entfaltet sich mit der Herzensgüte und wird mit der Barmherzigkeit groß. Es hat das Recht, in jedem Lebensabschnitt von den Eltern bedingungslos geliebt zu werden, wenn auch in jedem seiner Lebensabschnitte anders. Aus diesem Grunde ließ es sich

---

47 Vgl. Abu Dawud: Sunan, Talaq, 34-35 (D2276).
48 Vgl. Koran: Yusuf, 12/84, 94.
49 Vgl. Koran: as-Saffat, 37/100-107.

unser Prophet auch nicht nehmen, Kindern gegenüber seine Liebe zu zeigen. Mal hat er sie fest umarmt und geküsst,[50] ein anderes Mal mit seinen wohlriechenden Händen gestreichelt.[51] Er wusste, dass ein Kind mindestens genauso viel Spiel und Spaß brauchte, wie Disziplin und Ernsthaftigkeit. Daher konnte er auch mal Wasser in seinen Mund nehmen und damit einen Strahl auf die Kinder abgeben.[52] Oder seine Enkelkinder auf den Rücken nehmen, wo sie auf ihm ritten, wie auf einem Pferd.[53] Er lobte jene, die ihren Kindern Liebe und Güte entgegenbrachten,[54] und rügte solche, die ihren Kindern ihre Liebe vorenthielten.[55] *„Wer den Jüngeren gegenüber nicht barmherzig und den Älteren gegenüber nicht respektvoll ist, gehört nicht zu uns"*[56], ließ er sie wissen.

Ein anderes Recht des Kindes ist es, dass die Eltern es als Zeichen ihrer Liebe und Barmherzigkeit in ihren Gebeten miteinbeziehen und damit die Gegenwart wie auch die Zukunft ihres Kindes unterstützen, so wie es auch der Prophet Abraham (a.s.) tat, als er Allah Ta´ala anflehte: *„Oh mein Herr! Mache diese Ortschaft sicher, und lasse mich und meine Kinder es meiden, Götzen zu dienen."*[57] So betete auch unser Prophet, wenn er Kinder auf seinen Schoß nahm, nicht nur dafür, dass ihr Besitz und ihre Nachkommenschaft gesegnet seien, er flehte auch zu Allah, dass Er ihnen vergeben möge und sie Barmherzigkeit erfahren. Es sind zahlreiche solcher

---

50 Vgl. Bukhari: Sahih, Buyu', 49 (B2122).
51 Vgl. Muslim: Sahih, Fada'il, 80 (M6052).
52 Vgl. Bukhari: Sahih, 'Ilm, 18 (B77).
53 Vgl. Tirmidhi: Sunan, Manaqib, 30 (T3784).
54 Vgl. Muslim: Sahih, Fada'il as-Sahaba, 201 (M6458).
55 Vgl. Bukhari: Sahih, Adab, 18 (B5998); Muslim: Sahih, Fada'il, 64 (M6027).
56 Tirmidhi: Sunan, Birr wa Sila, 15 (T1920).
57 Koran : Ibrahim, 14/35.

Bittgebete von ihm überliefert.[58] Eltern stehen also nicht nur in der Pflicht, für die materiellen Bedürfnisse ihrer Kinder aufzukommen, sondern sie auch immateriell-spirituell zu unterstützen. So sieht es die *Sunnah* (Lebensweise/Religionspraxis) unseres Propheten vor.

Dieselbe Zweigleisigkeit ist auch bei der Schutzbedürftigkeit des Kindes zu sehen. Der Gesandte Allahs (s.a.w.) sagte einst: *„Wenn (die Sonne untergeht und) die Dunkelheit der Nacht beginnt – oder wenn es Abend wird –, so hindert eure Kinder daran, raus zu gehen."*[59] Er wollte nämlich die Kinder vor dem Übel bewahren, das sich mit Einbruch der Dunkelheit in den Straßen rasch ausbreitet. Als er verbot, im Krieg Frauen und Kinder zu töten,[60] wollte er ihr Leben in Schutz nehmen. Und mit dem Verbot, Kinder in das Heer aufzunehmen, wollte er sie vor möglichen körperlichen und seelischen Verletzungen bewahren.[61] Er war so sehr auf sie bedacht, dass er es nicht einmal ertrug, wenn dem Kind zu medizinischen Behandlungszwecken Schmerz beigefügt wurde, und ersuchte die Leute daher, andere, schmerzlose Behandlungsmethoden zu finden.[62]

Auf der anderen Seite lenkte der Gesandte Allahs (s.a.w.) das Augenmerk darauf, dass das Kind vor seelischen Verletzungen zu bewahren ist. So warnte er Eltern davor, ihre Kinder zu verfluchen. Schließlich ist es wieder das Kind,

---

58 Vgl. Muslim: Sahih, Fada'il as-Sahaba, 143 (M6376); Muslim: Sahih, Fada'il as-Sahaba, 172 (M6414); Bukhari: Sahih, Adab, 22 (B6003); Bukhari: Sahih, Fada'ilAshab an-Nabi, 22 (B3749).
59 Bukhari: Sahih, Aschriba, 22 (B5623); Muslim: Sahih, Aschriba, 97 (M5250).
60 Vgl. Muslim: Sahih, Dschihad wa Siyar, 25 (M4548); Tirmidhi: Sunan, Siyar, 19 (T1569).
61 Vgl. Bukhari: Sahih, Schahadat, 18 (B2664); Muslim: Sahih, Imarah, 91 (M4837).
62 Vgl. Bukhari: Sahih, Tibb, 13 (B5696).

das den Preis dafür zahlt, wenn diese Verwünschung in einem Moment ausgesprochen wird, an dem die Gebete nicht zurückgewiesen werden.[63] Der Prophet Muhammed (s.a.w.) untersagte auch strengstens, einem Kind Ungerechtigkeit zuzufügen, es zu demütigen oder herabzuwürdigen, da dies dem Kind ungemein schwere seelische Verletzungen zufügen würde. Zudem sind der Prophet Yusuf/Josef (a.s.) und seine Brüder ein Zeugnis dafür, wohin es führen kann, wenn die Eltern oder ein Elternteil eines ihrer Kinder bevorzugen.[64] Unser Prophet (s.a.w.) ließ es niemandem durchgehen, wenn er eines seiner Kinder aufgrund irgendeiner Eigenschaft über die anderen stellte, und ihm gegenüber noch toleranter und großzügiger war. So rügte er beispielsweise seinen Gefährten *Baschir*, der seinem Sohn *Nuʿman* eine Schenkung aus seinem Vermögen machen wollte und seine anderen Kinder ausließ: *„Mach mich nicht zum Zeugen dafür. Denn ich bezeuge kein Unrecht!"*[65] Seine Worte, mit denen er den Gläubigen zu verstehen gab, dass sie gegenüber ihren Kindern gütig zu sein und sie gleich zu behandeln haben, sprechen eine deutliche Sprache: *„Habt Ehrfurcht vor Allah und behandelt eure Kinder alle gleich."*[66]

Bei genauerer Betrachtung der Lehre unseres Propheten (s.a.w.) zu den Rechten der Kinder fällt einem auf, dass er sie eigentlich wie Erwachsene behandelte. Vielleicht ist auch das der springende Punkt bei der ganzen Sache. Erst wenn ein Erwachsener in einem Kind einen zukünftigen Erwachsenen sieht und aus Respekt vor der Würde des Menschen,

---

63 Vgl. Muslim: Sahih, Zuhd wa Raqaiq, 74 (M7515).
64 Vgl. Koran: Yusuf, 12/8-9.
65 Muslim: Sahih, Hiba, 14 (M4182).
66 Muslim: Sahih, Hiba, 13 (M4181).

der da vor ihm steht, ihn nicht auf seine Körpergröße reduziert, sondern die Erhabenheit seiner Seele bemerkt und ihn demnach behandelt, wird jeder zu seinem Recht kommen. Das Vorbild, das der Gesandte Allahs auch in dieser Angelegenheit abgab, war so eindrucksvoll, dass es alle Zungen verstummen ließ.

Dieser großartige Gesandte übersah nicht die Existenz der Kinder, grüßte sie, wenn er an ihnen vorbeiging,[67] so als wolle er sie wissen lassen, dass er sie bemerkt hatte. Er kümmerte sich um die Sorgen der Kinder und fragte den kleinen *Abu Umayr*, als er ihn sah, nach seinem Spatzen,[68] so als wolle er ihm zu verstehen geben, dass die Dinge, die *Abu' Umayr* wichtig waren, auch ihm etwas bedeuteten. Er achtete auf die Gesundheit der Kinder; als einst ein jüdischer Junge erkrankte, ließ er es sich nicht nehmen, diesen Jungen zu besuchen und ihn zum Islam einzuladen,[69] als wolle er ihm damit sagen: „In meinen Augen bist du ein eigenständiges Individuum, unabhängig von deiner Familie." Er mochte es aufzustehen, wenn seine Tochter *Fatima* (r.a.) ihn besuchte, sie an der Hand zu nehmen und auf seinen Platz zu setzen,[70] als wolle er sagen: „Gegrüßt sei die, die mir am ähnlichsten ist." Er berücksichtigte den Willen des Kindes und stellte einst einem Kind frei, dessen Eltern sich getrennt hatten, sich für einen der beiden zu entscheiden,[71] so als wolle er damit sagen: „Wir respektieren deinen Entschluss!"

---

67 Vgl. Muslim: Sahih, Salam, 14 (M5663).
68 Vgl. Bukhari: Sahih, Adab, 81 (B6129).
69 Vgl. Bukhari: Sahih, Marda, 11 (B5657).
70 Vgl. Abu Dawud: Sunan, Adab, 143-144 (D5217).
71 Vgl. Tirmidhi: Sunan, Ahkam, 21 (T1357).

Eines Tages wollte unser Prophet Muhammed (s.a.w.) den Rest seines Getränks den Anwesenden anbieten. Es war sein Brauch, in einer solchen Situation etwas zunächst zu seiner Rechten zu reichen. Als er sich auch hier wieder nach seiner rechten Seite wandte, musste er sehen, dass hier ein Kind saß. Zu seiner Linken hingegen saßen die älteren Gefährten. Er wollte das Kind aber nicht übergehen und es damit kränken. So fragte er es: *„Erlaubst du mir, dass ich dieses Getränk zunächst den Älteren reiche?"* Das Kind aber war schlau und antwortete: „Nein. Bei Allah! Ich ziehe für ein Geschenk, das ich von dir erhalte, niemanden mir vor!" Dieses schlaue Kind war kein Geringerer als *Abdullah ibn Abbas* (r.a.), der Sohn seines Onkels.[72] Da reichte der ehrwürdige Gesandte das Getränk zunächst nach seiner rechten Seite,[73] so als wolle er sagen: „Hier bitte, kleiner Mann! Nimm!"

Nach der Lehre des Gesandten Allahs (s.a.w.) haben Kinder das Recht auf Teilhabe am Leben sowie darauf, unter der Obhut der Erwachsenen das soziale Leben kennenzulernen. Daher schloss er Kinder auch nicht aus dem glaubenspraktischen Leben aus. Manchmal räumte er für sie zu den täglichen Ritualgebeten sogar so viel Platz in seiner Moschee ein, dass sie eine Reihe unter sich bildeten.[74] Erblickte er bei seiner Rückkehr von einem Feldzug oder einer Reise Kinder unter der Menschenmenge, die ihn empfing, schenkte er ihnen besondere Aufmerksamkeit. Mit großer Freude griff er sie hier heraus, hob sie auf sein Reittier und ritt mit ihnen in die Stadt ein.[75] Auch aus den Gesprächskreisen schloss

---

72 Vgl. Ibn Hadschar: Fath al-Bari, I, S. 328(IF1/328).
73 Vgl. Muslim: Sahih, Aschriba, 127 (M5292).
74 Vgl. Abu Dawud: Sunan, Salah, 96 (D677).
75 Vgl. Bukhari: Sahih, Libas, 99 (B5965); Muslim: Sahih, Fada'il as-Sahaba, 66 (M6268).

er die Kinder nicht aus. Einmal, als ihm während eines solchen Gesprächskreises vom ersten Obst der Saison gebracht wurde, reichte er es sogar erst an die Kinder weiter, die an seiner Seite saßen.[76]

All diese Rechte, die dem kleinen Menschen zuerkannt werden, gelten für alle Kinder, gleich welcher Religion, welcher Herkunft, Sprache oder Geschlecht. Jedes Kind, das auf die Welt kommt, hat dieselben Rechte, obgleich es nun in eine glückliche Familie hineingeboren wird und mit den Möglichkeiten heranwächst, die sich ihm darin bieten, oder in eine Familie hineingeboren wird, in der es unterdrückt wird und schutzbedürftig ist. Es darf nicht vergessen werden, dass unser Prophet die Menschen einst aufforderte: *„Gib jedem, dem ein Recht zusteht, sein Recht!"*[77] Und erst recht darf nicht in Vergessenheit geraten, dass es zunächst ein Gebot des edlen Korans ist, schutzlosen und verwaisten Kindern zu helfen.[78] Der Prophet des Islams war jemand, der, selbst wenn er seine Gefährten als Imam bei einer solch wichtigen Glaubenspraxis (*Ibadah*) wie dem Ritualgebet anleitete, an die kleinen Kinder in seiner Gemeinde dachte: *„Manchmal beginne ich mit dem Ritualgebet in der Absicht, die Koranrezitation lang zu halten. Wenn ich dann aber ein Kind weinen höre, halte ich das Ritualgebet kurz, weil ich mir vorstellen kann, welcher Beunruhigung die Mutter aufgrund ihrer Barmherzigkeit zu ihrem Kind ausgesetzt sein könnte."*[79]

Bis zum Erreichen der Pubertät ist jedes Kind so unschuldig, dass es für die Taten, die es begeht, nicht zur Rechenschaft gezogen wird, und so sündenfrei, dass seine begangenen

---

76 Vgl. Muslim: Sahih, Hadsch, 474 (M3335).
77 Bukhari: Sahih, Sawm, 51 (B1968); Bukhari: Sahih, Adab, 86 (B6139).
78 Vgl. Koran: an_nisa, 4/127.
79 Bukhari: Sahih, Adhan, 65 (B709); Muslim: Sahih, Salah, 192 (M1056).

Fehler von den Schreiberengeln nicht erfasst werden.[80] Eines Tages wird auch das Kind zu den Erwachsenen gehören, doch werden es seine Erlebnisse als Kind ein Leben lang begleiten. Wenn seine Eltern das Kind dem Leben überlassen, indem sie seine Rechte berücksichtigt haben, so werden sie die Gegenleistung für ihre Mühen erhalten. Der Prophet Muhammed (s.a.w.) gab den Eltern die frohe Kunde, dass dank der Bittgebete, die ihre hinterbliebenen Kinder für sie sprechen, ihre Tatenbücher auch über ihren Tod hinaus nicht geschlossen werden.[81] Und wenn die Eltern sich dann im Paradies so sehr wundern, dass sie sprechen: „Oh Herr, wie habe ich mir diesen hohen Grad nur verdient?", bekommen sie eine verblüffende Antwort: *„Weil dein Kind um deine Vergebung gebetet hat!"*[82]

---

80 Vgl. Abu Dawud: Sunan, Hudud, 17 (D4398).
81 Vgl. Muslim: Sahih, Wasiyyah, 14 (M4223); Abu Dawud: Sunan, Wasayah, 14 (D2880).
82 Ibn Madscha: Adab, 1 (IM3660); Ibn Hanbal: Musnad, II,509 (HM10618).

DER SCHUTZ DES KINDES: DIE HEILUNG VOR DEM NEIDISCHEN UND BÖSEN BLICK

Als *Dschaʿfar ibn Abu Talib* (r.a.) im Krieg von *Muta* fiel, war er mit *Asma bint Umays* (r.a.) verheiratet. Er hinterließ drei Kinder, um die sich der Prophet Muhammed (s.a.w.) höchstpersönlich kümmerte. Der Gesandte Allahs, der *Dscha'far*, der der Sohn seines Onkels war, als „*mein Bruder*" nannte, drückte diese drei kleinen, zierlichen und wertvollen Waisen an sein Herz. Als er am dritten Todestag zur *Dscha'fars* Familie kam, um ihnen sein Beileid auszusprechen, sagte er: „*Weint von nun an nicht mehr für meinen Bruder*", und rief einen Barbier, um den Waisen, die sich wie kleine Vogeljungen vor ihn stellten, die Haare scheren zu lassen, sodass

sie ihres Leids bereinigt wurden und ihre Seelen aufatmeten.[1]

Und doch fühlte sich unser Prophet bezüglich der Situation der Kinder nicht wohl. Als er sah, dass sie abgemagert und bleich waren, fragte er ihre Mutter *Asma*, ob sie denn etwas bräuchte. Daraufhin antwortete *Asma* (r.a.): „Nein, sie brauchen nichts, jedoch sind sie sehr leicht empfänglich für den bösen Blick." Als dann sagte unser Prophet: *„Wenn dem so ist, dann mache Ruqyah[2] (verlese den Koran zur Heilung) für sie!"* *Asma* bat den Propheten darum, dies zu tun. Jedoch wollte der Gesandte Allahs, dass *Asma*, als die Mutter der Kinder, mit all ihrer Herzensgüte und Barmherzigkeit die *Ruqyah* für ihre Kinder selbst durchführte.[3]

---

[1] Abu Dawud: Sunan, Taradschdschul, 13 (D4192); Nasa'i: Sunan, Ziynah, 57 (N5229).

[2] Der Begriff *Ruqyah* beschreibt das Verlesen von Koranversen und Bittgebeten und das anschließende Pusten auf die betroffene Person, um von Krankheiten und vom Übel geschützt zu werden oder von diesen loszukommen (Anm. d. Übers.).

[3] Vgl. Muslim: Sahih, Salam, 60 (M5726).

Das aus dem Arabischen stammende Wort „*Nazar*" bedeutet „Blick", „Anblick". Insbesondere im Türkischen wird es allermeist mit der Bedeutung „das Hervorrufen einer psychischen oder physischen Reaktion durch einen bösen Blick oder Anblick" verwendet. In dieser Bedeutung werden im Arabischen anstatt „*Nazar*" die Begriffe „'*Ayn*" oder „*Isabah al-'Ayn*" verwendet. Auch wenn der genaue Entstehungszeitpunkt des Glaubens an den bösen Blick nicht bekannt ist, ist bekannt, dass die Geschichte dieses Glaubens bis in die prähistorische Zeit zurückreicht, und dass er auch in der vorislamischen Kultur der Araber vorhanden war.

Es gibt wohl niemanden, der die Geschichte des Propheten Yusuf/Josef (a.s.),[4] die als „*die schönste Erzählung*" im heiligen Koran erzählt wird, nicht kennt. Das Schicksal führte Josef (a.s.), dessen Brüder ihn im Kindheitsalter aus Eifersucht in einen Brunnen warfen, nach Ägypten, wo er zum Herrscher aufstieg. Nach einer Weile überfiel eine Dürre das Land, sodass auch sein Vater Yaqub/Jakob (a.s.) und seine Brüder wie alle anderen auf die Hilfe Josefs (a.s.) angewiesen waren. Jakob (a.s.), der seine gut gebauten, adretten und gut gekleideten Söhne zum zweiten Mal zur Beschaffung von Lebensmitteln nach Ägypten entsandte, empfahl ihnen, zum einen als Vorsichtsmaßnahme und zum anderen zum Schutz vor den bösen Blicken,[5] das Land durch jeweils verschiedene Stadttore zu betreten.[6]

Außer diesem Ereignis, von dem gesagt wird, dass es auf die Existenz des bösen Blickes deutet, wird im vorletzten Vers der *Sura al-Qalam* auf die Wahrheit des bösen Blickes

---

4 Vgl. Koran: Yusuf, 12:3-101.
5 Vgl. Tabari: Dschami' al-Bayan, XVI, 164-165 (TT16/164).
6 Vgl. Koran: Yusuf, 12/67.

hingewiesen: „*Wahrlich, diejenigen, die ungläubig sind, würden dich, wenn sie die Ermahnung (den Koran) hören, mit ihren Blicken beinahe ins Straucheln bringen. Und sie sagen (in Gehässigkeit und Neid): ‚Er ist ja fürwahr besessen'.*"[7] Die Polytheisten (*Muschrikun*), deren Gehässigkeit und Neid sich in ihren Blicken widerspiegelte, wollten ihn mit ihren Blicken voller Zorn förmlich vernichten. Wäre da nicht der Schutz Allahs, hätten sie ihm gar etwas Schlimmes angetan. Auch, dass in der *Sura al-Falaq* mit dem Vers: „*Und vor dem Übel eines (jeden) Neidenden, wenn er neidet (nehme ich Zuflucht bei Allah)*"[8], die Zufluchtssuche bei Allah befohlen wird, ist als ein Zeichen der Existenz des bösen Blickes zu verstehen. Denn bei der Entstehung des bösen Blicks spielen der Neid und die Missgunst eine wichtige Rolle.

Dass der böse Blick, auf dessen Existenz in den oben angegebenen Koranversen hingewiesen wird, und mit der offenen Angabe des Propheten (s.a.w.): „*Der böse Blick ist real*"[9], bestätigt wird, verlangt, dass dieses Phänomen richtig verstanden wird. Denn der böse Blick tritt unter den Menschen als eine Gegebenheit auf, in der viele Missverständnisse und Aberglauben versponnen sind. Der böse Blick, auch „Malocchio", (türkisch: *Nazar*) genannt, ist eine der Tatsachen, die die natürlichen Grenzen der menschlichen Sinne, Wahrnehmung, Auffassung und Handlungen überschreitet.

Aus diesem Grund wird der böse Blick, als ein Phänomen, dessen Beschaffenheit nicht ganz erfasst werden kann, von Wissenschaftlern, deren positivistische Sichtweise auf den Fakten der physischen und materiellen Welt beruht, als

---

7 Koran: al-Qalam, 68/51.
8 Koran: al-Falaq, 113/5.
9 Muslim: Sahih, Salam, 41 (M5701); Abu Dawud: Sunan, Tibb, 15 (D3879).

nicht vertretbar angesehen. Auch wenn der böse Blick aus medizinischer Sicht als „ein vom Auge des Menschen ausgehender (Energie-) Strahl, der durch Neid und Eifersucht an Intensität gewinnt und durch diese intensive Strahlung die Atome des gegenüber stehenden Lebewesens in ihrer Funktionalität und Beschaffenheit beeinflusst" definiert wird, akzeptieren viele Ärzte dies nicht als einen Krankheitsgrund und glauben nicht an seine Wirkung und Macht. Jedoch fanden einige Wissenschaftler, die sich mit der Parapsychologie befassen, den bösen Blick einer wissenschaftlichen Untersuchung wert.

Die Hauptquelle des bösen Blicks ist das Neidgefühl. Dieses Gefühl beinhaltet Feindschaft, Hass und Rache. Die Intensität des bösen Blickes hängt unmittelbar von der Intensität des Neides ab. Denn je größer der Neid, desto größer der Effekt des bösen Blickes. Ein Sprichwort besagt: „Der böse Blick ist wahr, er bringt das Kamel in den Topf und den Menschen ins Grab", was zeigt, wie stark die Bevölkerung die Wirkung des bösen Blickes einschätzt. Außerdem deutet der *Hadith*: *„Der böse Blick ist wahr. Gäbe es irgendetwas, dass dem Schicksal entgegentreten könnte, dann wäre dies der böse Blick"*[10], auf die Wirkungskraft des bösen Blicks. Gleichzeitig sollte aber nicht vergessen werden, dass die Wirkung des bösen Blickes nicht grenzenlos ist und dass nichts der Fügung Allahs entgegenstehen kann.

Es ist unvorstellbar, dass der Gesandte Allahs (s.a.w.), der sagte: *„Oh ihr Diener Allahs, lasst euch behandeln; Allah schuf für jede Krankheit, die er gab, auch ihre Heilung"*[11], sich be-

---

10 Muslim: Sahih, Salam, 42 (M5702)
11 Abu Dawud: Sunan, Tibb, 1 (D3855); Tirmidhi: Sunan, Tibb, 2 (T2038).

züglich der Heilung von Krankheiten, die durch die Wirkung des bösen Blickes entstanden, indifferent verhielt. Der Gesandte Allahs (s.a.w.), der dem Verständnis des edlen Korans, der verkündet: „*Und Der, wenn ich krank bin, mich heilt*"[12], entsprechend befahl, vor dem bösen Blick Zuflucht bei Allah zu suchen,[13] verordnete zudem das Verlesen einer bestimmten Sura oder bestimmter Verse aus dem heiligen Koran (*Ruqyah*) und führte dies auch selber in solchen Fällen durch.[14]

Als der Prophet (s.a.w.) eines Tages im Haus seiner Ehefrau *Umm Salama* (r.a.) ein Mädchen mit bleichem Gesicht sah, sagte er: „*Dieses Kind traf der böse Blick. Vollzieht sofort (für ihre Behandlung) Ruqyah bei ihr.*"[15] Wiederum sprach er das Bittgebet: „*A'uzu bi kalimati'llahi'tammati min kulli schaytanin wa hammatin wa min kulli 'aynin lammatin. (Ich suche Zuflucht bei Allahs vollkommenen Worten (bei Seiner unendlichen Willenskraft und Herrschaft) vor jeder Art des Satans, vor jedem giftigen Reptil/Insekt und vor dem bösen Blick)*, für seine geliebten Enkel *Hasan* und *Husayn* und gab sie so in die Obhut Allahs, des Allmächtigen, und berichtete, dass schon der Prophet Abraham (a.s.) seine Söhne Ismael (a.s.) und Isaak (a.s.) mit diesen Worten in die Obhut Allah Ta´alas gegeben hatte.[16] Laut einer Überlieferung von *Abu Sa'id al-Hudri* (r.a.) suchte unser Prophet Zuflucht bei Allah und sprach verschiedene Bittgebete, um sich vor den Dschinn und dem

---

12 Koran: asch-Schuara, 26/80.
13 Vgl. Ibn Madscha: Sunan, Tibb, 32 (IM3508).
14 Vgl. Bukhari: Sahih, Tibb, 34 (B5738); Nasa'i: Sunan, Isti'adha, 1 (N5431-N5443).
15 Bukhari: Sahih, Tibb, 35 (B5739); Muslim: Sahih, Salam, 59 (M5725).
16 Bukhari: Sahih, Ahadith al-Anbiya, 10 (B3371); Tirmidhi: Sunan, Tibb, 18 (T2060).

bösen Blick zu schützen. Als die Suren *al-Falaq* und *an-Nas* offenbart wurden, ließ er die anderen Bittgebete beiseite und rezitierte nur noch diese beiden Suren.[17]

Neben dem Rezitieren der Suren *al-Falaq* und *an-Nas*, die auch *Muʿawwizatayn* genannt werden, spiegeln auch die volkstümlichen Praktiken, wie das Tragen von beschrifteten Armketten mit religiösen Formeln wie „*MaschaʿAllah*" oder „*BarakʿAllah*", das Aufhängen von Tafeln mit dem einundfünfzigsten Vers der Sura *al-Qalam* in Wohnhäusern, Autos oder Arbeitsplätzen, den Glauben wider, dass der eigentliche Heilgeber Allah Taʿala ist. Doch muss auch gesagt werden, dass Maßnahmen außer den Bittgebeten und der *Ruqyah*, wie zum Beispiel das Tragen eines Gegenstandes wie das blaue Glasauge, das Aufhängen eines Pferdehufs oder Pferdekopfes oder das Bleigießen, die aus schamanischer Tradition stammten, im Islam als nicht zulässig angesehen und in keiner Weise gebilligt werden. In vielen *Ahadithen* wird das Tragen von Gegenständen gegen den bösen Blick (wie das blaue Glasauge) bei Menschen wie auch bei Tieren verboten;[18] unser Prophet sagte, dass diese Menschen ihm fern seien[19] und dass sie auch vom Schutz Allahs ausgeschlossen sein werden: „*Wer einen Knoten bindet und darauf bläst, betreibt Zauber. Wer Zauber betreibt, begeht Schirk (Allah etwas beizugesellen). Und wenn jemand (mit der Absicht, sich vor dem bösen Blick oder Ähnlichem zu schützen) etwas bei sich trägt, dann wird dieser (von der Obhut Allahs ausgeschlossen*

---

17 Vgl. Tirmidhi: Sunan, Tibb, 16 (T2058); Nasa'i: Sunan, Isti'adha, 37 (N5496).
18 Vgl. Bukhari: Sahih, Dschihad, 139 (B3005); Muslim: Sahih, Libas wa Ziynah, 12 (M5549).
19 Vgl. Abu Dawud: Sunan, Taharah, 20 (D36); Nasa'i: Sunan, Ziynah, 12 (N5070).

und) dem Schutz dieses Gegenstands überlassen."[20] Die Sitte des Tragens eines Gegenstands gegen den bösen Blick war eine Schutzmaßnahme der Araber der *Dschahiliyyah* (Epoche der Unwissenheit/vorislamische Zeit), um ihre viel geliebten Pferde und Kamele zu beschützen. Der Gesandte Allahs (s.a.w.) aber verbot diese Praxis, bei der Hilfe und Beistand von etwas anderem außer Allah erhofft wird.[21] Vor allem Tätowierungen, die zum Zwecke des Schutzes vor dem bösen Blick auf den Körper tätowiert wurden, wurden verboten. Aufgrund dieser Verbindung zwischen der Tätowierung und dem bösen Blick[22] wird in einem *Hadith* erwähnt, dass der böse Blick existent ist und gleichzeitig betont, dass Tätowierungen verboten sind.[23] Die Warnungen, die unser Prophet an seine Gemeinde richtete, bei keinem anderen als bei Allah Zuflucht vor dem bösen Blick zu suchen, sollten dazu dienen, den *Tawhid*-Glauben nicht zu beeinträchtigen. Denn solche Schutzmaßnahmen, die im Islam nicht legitim sind, bedeuten, dass Eigenschaften (Attribute) Allahs auf Gegenstände projiziert werden.

Obwohl es eine Anwendung aus der *Dschahiliyyah*-Zeit war, sah der Prophet keinen Schaden darin, die *Ruqyah,* solange sie keinen *Schirk* (Beigesellen) beinhaltete, mit Versen aus dem heiligen Koran zu vollziehen,[24] und empfahl dies auch von Zeit zu Zeit. Jedoch sollte der Grund, warum der Prophet die *Ruqyah* empfahl, genau erfasst werden. Er (s.a.w.) wollte den falschen Angewohnheiten der Menschen, die

---

20 Nasa'i: Sunan, Muharabah, 19 (N4084).
21 Vgl. Bukhari: Sahih, Dschihad, 139 (B3005); Muslim: Sahih, Libas wa Ziynah, 12 (M5549).
22 Vgl. Ibn Hadschar: Fath al-Bari, X, 203 (IF10/203).
23 Vgl. Bukhari: Sahih, Tibb, 36 (B5740).
24 Vgl. Abu Dawud: Sunan, Tibb, 18 (D3886).

noch aus alten Zeiten des falschen Glaubens stammten, entgegenwirken. Denn Allah Ta´ala ist der Einzige, Der die Heilung gibt, und daran sollte geglaubt werden. Deswegen ist das Beste, was gegen den bösen Blick hilft, mit der Rezitation der Koranverse und das Aufsagen der Bittgebete Heilung von Allah zu erflehen. Die positive Wirkung dessen auf diejenigen, die dies tun, sollte nicht unterschätzt werden. Doch sollte diese Empfehlung des Propheten nicht dazu führen, die „Talisman-Schreiber" und „Knoten-Puster" (die mit Magie verbundene Handlungen ausführen) in ihren Handlungen zu rechtfertigen. Die Talismane, die heutzutage verwendet werden, haben mit der *Ruqyah* nichts zu tun. Denn auch unser Prophet tolerierte die Verwendung von Talismanen und Ähnlichem nicht.[25] Deshalb ist es eine falsche Haltung, sich in der Hoffnung auf Heilung an Personen zu wenden, die in der Erscheinung eines religiösen Gelehrten aus den Schwächen der Menschen Profit schlagen. Denn selbst als der Gesandte Allahs (s.a.w.) *Asma* (r.a.) empfahl, für ihre Kinder zu beten, hielt er sich selbst und andere als Vermittler heraus und sagte zu *Asma*: *„Bete du für sie."*[26]

Da der böse Blick eher unwissentlich beziehungsweise unbewusst auftritt, ist er bei mehr oder weniger jedem vorhanden. Jedoch kann die Stärke, Wirkung und Stetigkeit des Blickes von Mensch zu Mensch variieren. Manchmal können freundschaftliche Gefühle wie das Verehren, Nacheifern, Beneiden einer geliebten Person und sogar die Liebe der Eltern für ihr Kind Grund für das Treffen eines bösen Blicks sein. Das heißt, dass der böse Blick auch von gut-

---

25 Vgl. Abu Dawud: Sunan, Haram, 3 (D4222); Ibn Hanbal: Musnad, I, 397 (HM3773).
26 Muslim: Sahih, Salam, 60 (M5726).

mütigen Menschen kommen kann. Doch der Blick, der von bösen Menschen kommt, ist intensiver und hat negative Folgen. Der schlimmste böse Blick kommt von Menschen, die fern vom Glauben und die der Liebe Allahs fremd sind, deren Herzen leer, aber voll mit Missgunst und Hassgefühlen sind. Doch das Eigentliche, was den bösen Blick nährt, ist der Neid (*Hasad*), von dem der Gesandte Allahs (s.a.w.) sagte, dass er niemals mit dem Glauben vereinbar ist.[27] Deswegen ist die Reaktion eines Gläubigen auf die Schönheit einer anderen Person oder ihres beneidenswerten Zustandes von größter Wichtigkeit. Wenn dessen Reaktion mit missgünstigen Blicken zum Ausdruck kommt, dann kann dies sehr unschöne Folgen haben. Also sollte ein Muslim, wenn er etwas Schönes, Bewundernswertes, kurzum etwas, was eines Lobes wert ist, sieht, nicht maßlos loben, es nicht mit Missgunst betrachten, sondern für dessen Segnung in Formen wie „*Mascha'Allah-Barak'Allah*" (auf Geheiß Allahs- möge Allah es segnen) beten.[28]

Eines Tages machte sich der Gesandte Allahs (s.a.w.) mit seiner *Ashab* (Gefährten) auf nach Mekka. In der Nähe von *Dschuhfa*, bei einem Ort namens *Harra*,[29] stießen sie auf einen Brunnen. Der medinensische *Sahabi* (Gefährte) *Sahl ibn Hunayf* wollte sich hier waschen. *Sahl* war ein hellhäutiger, gut aussehender Mann. Als *Amir ibn Rabi'a*, einer der ersten *Sahaba*, die nach Medina auswanderten, *Sahl* sah, sprudelten plötzlich Komplimente aus seinem Mund hervor. Kurz danach brach *Sahl* an Ort und Stelle zusammen. Diejenigen,

---

27 Vgl. Nasa'i: Sunan, Dschihad, 8 (N3111).
28 Vgl. Ibn Madscha: Sunan, Tibb, 32 (IM3509); Ibn Hadschar: Fath al-Bari, X, 204 ((IF10/204).
29 Vgl. Ibn Hanbal: Musnad, III, 486 (HM16076); Ibn Hadschar: Fath al-Bari, X, 204 (IF10/204).

die Zeuge des Geschehnisses wurden, rannten eilig zum Propheten und berichteten ihm davon. *Sahl* konnte weder seinen Kopf erheben, noch aufstehen. Wahrscheinlich hatte ihn der Blick von *Amir* getroffen. Der Gesandte Allahs (s.a.w.) fragte, wer es gewesen sein könnte. Sie sagten: *„Amir ibn Rabi'a hat ihn angeschaut."* Der Gesandte Allahs ließ *Amir* sofort zu sich rufen und sagte entrüstet: *„Warum bringt einer von euch seinen Bruder um?"*, und fügte hinzu: *„Wenn einer von euch etwas an seinem Bruder sieht, das ihm gefällt oder das er bewundert, dann soll er für seinen Segen beten."*[30]

Letztendlich steht fest, dass der böse Blick ('Ayn/türk: Nazar) real ist. Dass diese Realität negative Konsequenzen mit sich bringt, rührt hauptsächlich vom Gefühl der Missgunst. Aus diesem Grund ist es die Aufgabe eines jeden Muslims, beim Anblick eines Menschen, dessen Schönheit oder Erfolg zu beneiden ist, ihn nicht mit Missgunst anzugucken, sondern zu seinen Gunsten zu beten. Auch wenn die missgünstigen Blicke eines Neiders eine potenzielle Gefahr darstellen, ist ihre Wirkung auf einen Muslim, der Zuflucht bei Allah vor diesen Blicken sucht, relativ gering. Es sollte nicht vergessen werden, dass niemand ohne den Willen Allahs einem anderen Schaden zufügen kann.[31]

---

30 Ibn Madscha: Sunan, Tibb, 32 (IM3509); Ibn Hanbal: Musnad, III, 486 (HM16076).
31 Vgl. Koran: al-Baqara, 2/102

DIE KINDERERZIEHUNG: DIE KUNST, GUTE MENSCHEN ZU ERZIEHEN

Der kleine *Anas* schauderte mit der Wärme der Hand, die seinen Nacken berührte, als er in das Vergnügen des Spiels eingetaucht war. Er drehte schüchtern seinen Kopf. Der Prophet Muhammed (s.a.w.) stand wie immer mit seinem lächelnden Gesicht vor ihm. Der kleine Helfer geriet in Verlegenheit. Er erinnerte sich daran, wie er mit den Worten: „Bei Allah, ich werde nicht gehen", beharrlich verweigert hatte zu tun, was der Prophet von ihm verlangte, bis sein Herz eingewilligt hatte und er sich somit auf den Weg begab. Während die Arbeit wartete, war er jedoch bereits in das Spielen mit den Kindern versunken, die ihm entgegengelaufen waren. Nun war er wütend auf sich selbst, weil er seine Pflicht vergessen hatte. Aber der Gesandte Allahs (s.a.w.) war ihm nicht böse. Mit sanfter Stimme sprach er: „*Kleiner Anas! Bist du dorthin gegangen, wohin ich dir gesagt habe?*" Anas lief sofort los, während er noch in der Aufregung und der Strebsamkeit, die mit der gnädigen Behandlung einherkamen, sagte: „Ja, ich laufe, oh Gesandter Allahs."[1]

---

1 Vgl. Muslim: Sahih, Fada'il, 54(M6015);Abu Dawud: Sunan, Adab, 1 (D4773).

Anas (r.a.),² der als der Prophet (s.a.w.) nach Medina auswanderte, zusammen mit seiner Mutter in die Gegenwart des Propheten trat, war vielleicht das bedeutendste Geschenk, das die medinensischen Muslime dem Gesandten gemacht hatten. *Umm Sulaym* (r.a.), die ihrem mütterlichen Instinkt vertraute, muss gespürt haben, dass ein kleiner Helfer an der Seite des Propheten ihm in dieser neuen Stadt sehr hilfreich sein würde. Als sie ihren Sohn in den Dienst des Gesandten Allahs gab, hatte sie ihn eigentlich der Erziehung des Propheten anvertraut. Dass ein solch gewandtes und intelligentes Kind sich freiwillig in seinen Dienst stellte, hatte wohl auch dem Propheten gefallen. Er ließ *Anas* nicht einmal in den schwersten Situationen von seiner Seite. Seine eigenen Kinder waren schon längst erwachsen, die Enkel hingegen noch nicht auf der Welt. *Anas* war für den Gesandten der Barmherzigkeit daher jemand, dessen Erziehung er sich in den zehn Jahren, die ihm noch in Medina bis zu seinem Ableben verblieben, höchstpersönlich widmen konnte und der ihm daher nahestand. Als Kind aufgenommen, konnte er *Anas* bis er ein junger Mann wurde erziehen und aufziehen.

Unser Prophet (s.a.w.) fand nicht nur Gefallen daran, wenn *Anas* in die Moschee oder in sein Haus kam und hier den Tag mit ihm verbrachte, auch er selbst besuchte die Verwandten von *Anas* gerne. Er aß mit ihnen, legte sich dort zum Mittagsschlaf und leitete das Ritualgebet für die Anwesenden.³ Diese herzliche und aufrichtige Atmosphäre

---

2 Vgl. Bukhari: Sahih, Daʿawat, 47 (B6379); Muslim: Sahih, Fadaʾil as-Sahaba, 142 (M6375).
3 Vgl. Bukhari: Sahih, Salah, 20 (B380); Abu Dawud: Sunan, Dschihad, 9 (D2490).

war es, die den Charakter von *Anas* formte. „*Jedes Kind wird mit einer natürlichen Veranlagung (Fitrah) geboren (sodass es den wahren Glauben erkennt). Es sind dann seine Eltern, die das Kind zu einem Juden, Christen oder Zoroastrier machen [...]*"[4], sagte unser Prophet. Mit diesen Worten gab er nicht nur deutlich zu verstehen, dass ein Kind – egal welcher Herkunft, Hautfarbe oder Geschlecht - per Schöpfung zunächst dazu veranlagt ist, das Gute und Schöne anzunehmen, sondern auch, wie bereit ein Kind ist, die Erziehung anzunehmen.

Eltern, denen ihre Kinder wertvoll sind und die sie deshalb auf die beste Art erziehen möchten, haben zunächst einmal eine Tatsache zu akzeptieren: Obwohl das Kind vollständig von seinen Eltern abhängig ist, unter deren Schutz und Kontrolle steht, gehört es im wahrsten Sinne nicht ihnen, sondern Allah. Folglich sind Eltern nicht die Besitzer ihrer Kinder, sondern die Kinder sind ihnen eine anvertraute Gabe (*Amanah*) Allahs. Sie stehen in der Pflicht, sie wie ihren eigenen Augapfel zu hüten, sie großzuziehen, ohne dass ihnen etwas zuleide getan wird, und sie auf das Leben vorzubereiten. Und da sie ihnen nur anvertraut sind, haben sie auch nicht das Recht, mit ihnen umzugehen, wie sie wollen. Egal ob es darum geht, das Kind zu ernähren, ihm eine Schulbildung angedeihen zu lassen oder es zu strafen – kurz, wenn sie es aufziehen und seine Persönlichkeit formen –, stets haben sie dabei das Wohlgefallen Allahs zu berücksichtigen. Denn der Tag wird kommen, da der Besitzer dieser anvertrauten Gabe (*Amanah*) sie fragen wird,

---

4 Bukhari: Sahih, Tafsir, (ar-Rum), 2 (B4775); Muslim: Sahih, Qadar, 22 (M6755).

wie sie mit ihr umgegangen sind, was sie ihm alles gegeben oder eben auch verwehrt haben.

Die Pflicht der Eltern besteht nicht nur darin, das Kind zu ernähren und es zu kleiden. Sie geht noch wesentlich darüber hinaus. Mit der Pflicht zur Erziehung des Kindes verlässt ihr Tun und Handeln nämlich ihr trautes Heim und erreicht einen Bereich, der sich auf die ganze Gesellschaft auswirkt. Die Kindererziehung ist ein langer Prozess, der Sensibilität erfordert. Vielleicht will die Beschreibung im edlen Koran, dass Kinder eine „*Versuchung*"[5] sind, gleichzeitig auch darauf hinweisen, wie mühselig und zeitraubend dieser Prozess ist. Einen „Menschen zu erziehen" ist aber nicht nur mühselig und ermüdend, sondern auch eine sehr wertvolle und ehrenvolle Aufgabe. Denn am Ende werden sich Eltern glücklich zurücklehnen können, wenn sie ihre Pflicht erfüllt und ein Kind erzogen haben, das ihnen Ehre macht, und die Möglichkeit erhalten, mit ihm ins Paradies einzugehen, dort mit ihm zusammen zu sein.[6] So sagte unser Prophet (s.a.w.): „*Wer die Versorgung von drei Töchtern übernimmt, sie erzieht und verheiratet und sie dabei auch gut behandelt, der erhält das Paradies.*"[7] Jene wiederum, die sich nicht ausreichend um ihre Kinder kümmern, sie nicht ernst nehmen und sie nicht nach dem Wohlwollen Allahs erziehen, werden am Jüngsten Tag sich selbst, aber auch ihre Kinder ins Verderben stürzen.[8]

Der erste Schritt der Erziehung beginnt damit, dass die Existenz des Kindes anerkannt und ihm der Respekt ent-

---

5   Vgl. Koran: al-Anfal, 8/28; al-Mu´minun, 23/55-56.
6   Vgl. Koran: ar-Rad, 13/23.
7   Abu Dawud: Sunan, Adab, 120-121 (D5147); Ibn Hanbal, III, 96 (HM11946).
8   Vgl. Koran: az-Zumar, 39/15.

gegengebracht wird, den es als Mensch schon ab der Geburt verdient. Ein Erzieher wird kaum Erfolg haben, wenn er seinem Gegenüber keine Wertschätzung entgegenbringt und seine Persönlichkeit nicht respektiert. Bei der Kommunikation des Propheten mit Kindern fällt auf, dass er so sorgfältig mit ihnen umging, als wollte er ihnen sagen: „Ich betrachte euch als vollwertige Menschen." Denn merkt das Kind, dass seine Gefühle beachtet und seine Bedürfnisse berücksichtigt werden, wird es eine gute Kommunikation mit seinen Eltern aufbauen können. Und dies macht es sicherlich empfänglicher für die Mühen, die für seine Erziehung erbracht werden. Dass unser Prophet Muhammed (s.a.w.) beispielsweise Kinder grüßte,[9] sie nach ihrem Befinden fragte[10] und sich nach ihren Vorlieben erkundigte,[11] zeigt, dass er sich um sie kümmerte und sie als Individuen anerkannte. Auch als er einst ein jüdisches Kind wie einen Erwachsenen zum Islam einlud[12] und anderen Kindern erlaubte, ihm den Treueeid zu schwören,[13] zeigte er, welchen Wert er Kindern beimaß, die den Menschen ein Garant für die Zukunft sind. Zudem ist auch zu sehen, welchen Wert er auf eine freundschaftliche Beziehung bei der Erziehung legte. So sprach der Gesandte Allahs (s.a.w.) besondere Bittgebete für Kinder,[14] teilte ein Geheimnis mit ihnen[15] und bewirtete sie.[16]

---

9   Vgl. Muslim: Sahih, Salam, 14 (M5663).
10 Vgl. Bukhari: Sahih, Adab, 81 (B6129).
11 Vgl. Tirmidhi: Sunan, Ahkam, 21 (T1357).
12 Vgl. Bukhari: Sahih, Marda, 11 (B5657).
13 Vgl. Muslim: Sahih, Adab, 25 (M5616).
14 Vgl. Bukhari: Sahih, Dschihad, 188 (B3071); Muslim: Sahih, Fada'ilas-Sahaba, 143 (M6376).
15 Vgl. Muslim: Sahih, Fada'ilas-Sahaba, 68 (M6270); Muslim: Sahih, Fada'ilas-Sahaba, 146 (M6379).
16 Vgl. Muslim: Sahih, Aschriba, 127 (M5292); Muslim: Sahih, Hadsch, 474 (M3335).

Ein Kind kann nur dann beeinflusst werden, wenn sein Herz gewonnen und Nähe zu ihm aufgebaut wird, wie zum Beispiel, indem ihm gesagt wird, dass es geliebt wird, es umarmt oder mit ihm gespielt wird. Der Gesandte Allahs (s.a.w.) hatte dabei einen Grundsatz: Er achtete bei der Erziehung der Kinder darauf, sie nicht zu kränken beim Versuch, sie zu formen. Daraus entstand eine auf Barmherzigkeit gründende Erziehungsmethode. Für die damalige Gesellschaft war dies schon eine ziemlich erstaunliche Vorgehensweise, die mit folgendem *Hadith* in die Geschichte eingehen sollte: *„Wer unseren Kleinen keine Barmherzigkeit entgegenbringt und unseren Älteren keinen Respekt zeigt, gehört nicht zu uns."*[17] *Aqraʿ ibn Habis* konnte einst sein Staunen nicht verbergen, als er sah, wie unser Prophet sein Enkelkind umarmte und küsste. Auch ihn ließ er wissen: *„Wer nicht barmherzig ist, der erfährt auch selbst keine Barmherzigkeit!"*[18]

Dass der edle Koran die Eltern als Vorbild für die Menschheit vermittelt, die ihren Kindern gegenüber Liebe und Barmherzigkeit entgegenbringen, ist hinsichtlich der Bildung eines vorbildlichen Elternmodells sehr beachtenswert. Da ist zum Beispiel der Prophet Yaqub/Jakob (a.s.), den er in diesem Sinne anführt. Obwohl seine Kinder einen großen Fehler begangen und ihren Bruder in den Brunnen geworfen hatten, vergab er ihnen und flehte Allah sogar an, dass Er ihnen vergeben möge.[19] Selbst an seinem Totenbett gab er ihnen noch Ratschläge.[20] Oder der ehrenwerte *Luqman*

---

17 Tirmidhi: Sunan, Birr wa Sila, 15 (T1919).
18 Bukhari: Sahih, Adab, 18 (B5997); Muslim: Sahih, Fada'il, 65 (M6028).
19 Vgl. Koran: Yusuf, 12/97-98.
20 Vgl. Koran: al-Baqara, 2/132-133.

(a.s.); als er seinem Sohn Ratschläge geben wollte, leitete er seine Rede mit einem äußerst sanften und innigen, *„Oh mein Sohn!"*[21], ein. Der edle Koran berichtet auch vom sanften Umgang des Propheten Ibrahim/Abraham (a.s.) mit seinem Sohn Ismail/Ismael (a.s.).[22] Und Nuh/Noah (a.s.) rief seinem Sohn, der selbst dann noch das Prophetentum seines Vaters nicht anerkannte, als er dem Tod während der Sintflut ins Auge sah, zu: *„Oh mein lieber Sohn! Steige mit uns ein und bleibe nicht bei den Ungläubigen."*[23] Denn er brachte es nicht übers Herz, ihn zu verlieren. All dies zeigt den Menschen den richtigen Weg, sodass sie gehalten sind, Väter, die in den Köpfen der Menschen doch meistens für Autorität stehen, zu Barmherzigkeit und Güte einzuladen.

Ein Vater darf bei der Erziehung seines Kindes nicht zu Gewalt greifen, beziehungsweise Gewalt mit Disziplinierung gleichsetzen. Hierfür sollte er sich das Verhalten unseres Propheten Muhammed (s.a.w.) vor Augen halten. *Anas* war bei ihm aufgewachsen, und er berichtete später: „Ich diente dem Gesandten Allahs zehn Jahre lang. Bei Allah, er sagte nicht einmal ‚uff!' zu mir. Er sagte weder infolge einer Handlung: ‚*Warum hast du das so getan?*', noch sagte er: ‚*Hättest du das doch so getan!*'"[24] Der Prophet rief ihn, in derselben Höflichkeit, wie schon die Propheten vor ihm, mit: *„Oh mein Sohn!"*[25], oder mit: *„Anaslein (klein Anas)!"*[26] Wenn *Anas* Fehler machte, gab er ihm Gelegenheit, diese zu korrigieren.[27]

---

21 Koran: Luqman, 31/13, 16-19.
22 Vgl. Koran: as-Saffat, 37/102.
23 Koran: Hud, 11/42.
24 Muslim: Sahih, Fada'il, 51 (M6011); Bukhari: Sahih, Adab, 39 (B6038).
25 Vgl. Muslim: Sahih, Adab, 31 (M5623); Tirmidhi: Sunan, Adab, 62 (T2831).
26 Vgl. Abu Dawud: Sunan, Adab, 1 (D4773).
27 Vgl. Muslim: Sahih, Fada'il, 54 (M6015).

Und manchmal nahm er ihn an der Hand und begleitete ihn für eine Angelegenheit, wobei er auf ihn wartete, bis er seine Aufgabe erledigt hatte, damit er keinen Fehler machte.[28]

Und der Prophet war nicht nur selbst nachsichtig und geduldig mit Kindern. Er ermahnte auch die Menschen in seiner Umgebung dazu. Als eines Tages sein Enkelsohn *Hasan* auf ihn urinierte, während er ihn auf dem Arm trug, erzürnte seine Stillmutter *Umm al-Fadl* und schlug ihn. Da protestierte und Prophet: *„Allah möge dich auf den rechten Weg leiten! Du hast meinem Sohn wehgetan!"*[29] Ebenso bei dieser Gelegenheit: *Umm Halid* besuchte als kleines Mädchen mit ihrem Vater den Propheten. Als sie das Muttermal auf dem gesegneten Rücken des Propheten berührte, schimpfte ihr Vater mit ihr. Doch der Prophet der Barmherzigkeit wies ihn zurecht: *„Lass sie (es berühren)!"*[30]

Zur Erziehungsmethode unseres Propheten (s.a.w.) gehörte auch, dass er die Fehler der Kinder aufgriff, um ihnen das Rechte beizubringen. Statt sie zu bestrafen, brachte er ihnen bei dieser Gelegenheit den richtigen Weg bei, damit sie es beim nächsten Mal nicht wieder falsch machten. Eines Tages hatten einige Personen ein Kind aufgegriffen, das mit Steinen nach den Dattelpalmen warf, und brachten es zum Propheten, damit er es bestrafe. Doch unser Prophet dachte überhaupt nicht daran, es zu schelten. Stattdessen fragte er: *„Mein Kind, wieso wirfst du mit Steinen nach den Dattelpalmen?"* Als er erfuhr, dass es hungrig war, sagte er zu ihm: *„Wirf nicht mit Steinen nach den Dattelpalmen! Iss lieber die Datteln, die abgefallen sind und auf dem Boden liegen!"* Er

---

28 Vgl. Abu Dawud: Sunan, Adab, 135-136 (D5203).
29 Ibn Hanbal: Musnad, VI, 340 (HM27416).
30 Bukhari: Sahih, Adab, 17 (B5993).

brachte ihm also bei, wie der richtige Weg aussah. Dann streichelte er ihm sogar noch über den Kopf und sprach ein Bittgebet für ihn: *„Oh Allah, mach dieses Kind satt!"*[31] Bei einer anderen Gelegenheit wiederum sah er, dass *Umar ibn Abu Salama* beim Essen mit seiner Hand im Teller herumwanderte. Er griff sofort korrigierend ein und brachte ihm auch gleich bei, wie es richtig ging: *„Mein Kind! Sag die Basmala auf, dann iss mit deiner rechten Hand, von dem, was (vorn) auf deiner Seite des Tellers ist!"*[32]

In der Kindererziehung verfolgte unser Prophet (s.a.w.) eine Methode, die von Geduld gezeichnet war und auf Gewaltanwendung verzichtete. Jenen, die in seinem Dienst standen, hat er nicht einmal seine Hand erhoben.[33] Unter Beachtung dessen, dass er in einer Gesellschaft lebte, in der körperliche Züchtigung zur Tagesordnung gehörte, gewinnt diese Haltung umso mehr an Wert. Das zu erziehende Individuum, selbst wenn es ein Kind ist, nicht herabzuwürdigen und nicht zu unterdrücken, ist für den Erzieher, der das Vertrauen des zu Erziehenden erlangen muss, von unverzichtbarer Bedeutung. In dieser Hinsicht baut die Erziehungsmethode des Propheten nicht auf Kraftdemonstration und Alternativlosigkeit, sondern auf wohlmeinende Ratschläge und auf die Vorbildrolle auf. Kinder ahmen auch eher ihre Vorbilder nach, als dass sie auf Befehle und Ermahnungen hören. Das Kind richtet sich nicht nach dem, was es hört und liest, sondern nach dem, was es sieht. Besonders sind es die Eltern, deren Verhalten sie imitieren. Ein Kind, das von einem Vater großgezogen wird, der den Befehl: *„Habt*

---

31 Abu Dawud: Sunan, Dschihad, 85 (D2622); Tirmidhi: Sunan, Buyu', 54 (T1288).
32 Bukhari: Sahih, At'ima, 2 (B5376); Muslim: Sahih, Aschriba, 108 (M5269).
33 Vgl. Muslim: Sahih, Fada'il, 79 (M6050).

Ehrfurcht vor Allah und behandelt eure Kinder gleich!"[34], beherzigt und in der Familie mit Gerechtigkeit waltet, wird wissen, was Gerechtigkeit ist, da er dies an der Praxis seines Vaters sah. Als die Mutter von *Abdullah ibn 'Amir* ihren Sohn mit den Worten: „Komm her, ich will dir etwas geben!", zu sich rief, fragte sie unser Prophet, ob sie ihm denn tatsächlich etwas geben wolle. Als er vernahm, dass sie ihm eine Dattel geben wollte, sagte er: *„Sei ja vorsichtig! Wenn du ihm nichts gegeben hättest, wäre dies als eine Art Lüge für dich aufgeschrieben worden."*[35] Denn sind die Eltern ehrlich, lernt auch das Kind Ehrlichkeit von ihnen. Andernfalls wird es ein Leben, das auf Lügen baut, für normal halten. *Anas* hatte bei unserem Propheten, in dessen Nähe er aufwuchs, mitbekommen, wie viel Wert unser Prophet (s.a.w.) auf die Unantastbarkeit der Privatsphäre und die Bewahrung eines Geheimnisses legte. Als seine Mutter ihn fragte, welche Dienste er für den Propheten verrichtete, antwortete er ihr deshalb nur: „Das ist ein Geheimnis!" Und seiner Mutter gefiel diese Feinfühligkeit ihres Sohnes. Sie sagte daraufhin: „Dass du das Geheimnis des Gesandten Allahs ja nicht an andere preisgibst!"[36]

Das Kind braucht nicht nur gute Vorbilder für seine Charakterbildung. Auch für seine Integration in das soziale und glaubenspraktische Leben sind diese von Bedeutung. Der Prophet (s.a.w.) schloss Kinder nicht vom sozialen Leben aus. Das beste Beispiel hierfür ist, dass er sie nicht daran hinderte, in die Moschee zu kommen. Denn in jenen Tagen war die Moschee nicht nur der Ort für Glaubenspraxen (*Ibadah*) und religiöse Bildung, hier fand das Leben selbst

---

34 Muslim: Sahih, Hiba, 13 (M4181); Bukhari: Sahih, Hiba, 13 (B2587).
35 Abu Dawud: Sunan, Adab, 80 (D4991).
36 Muslim: Sahih, Fada'il as-Sahaba, 145 (M6378).

statt. Sie war Schauplatz aller möglichen gesellschaftlichen Belange, angefangen von rechtlichen Angelegenheiten bis hin zur Literatur. Wie sehr der Gesandte Allahs (s.a.w.) Kinder in den Lauf des Lebens integrierte, ist auch daran zu erkennen, dass sie so rege an den täglichen Gebeten in der Moschee teilnahmen, dass sie sogar hinter den Männern eine Reihe für sich selbst bilden konnten.[37] Und sicher wünschte er sich, dass sie mit dem Gebet aufwuchsen, als er seine Enkelsöhne und Enkeltöchter während des Ritualgebets auf die Schultern nahm,[38] während er sogar in diesem Zustand das gemeinschaftliche Ritualgebet leitete[39] oder die Freitagspredigt hielt.[40]

Unser Prophet (s.a.w.), der nicht nur in der Moschee, sondern auch in den Häusern dafür sorgte, dass die Kinder an den gemeinschaftlichen Ritualgebeten teilnahmen,[41] machte sich auch nichts daraus, wenn die Kinder zwischen den Gebetsreihen herumrannten, während sie das Ritualgebet im Freien verrichteten.[42] Sie von den Orten fernzuhalten, an denen Glaubenspraxen stattfanden, war das Letzte, was er wollte. Er brachte ihnen sogar selbst bei, wie sie die Ritualgebete zu verrichten hatten. *Anas* unterwies er zum Beispiel: *„Mein Kind! Blick während des Gebets nicht nach links oder rechts!"*[43] Der kleine Sohn seines Onkels, *Abdullah ibn Abbas*, wollte einst mit der Gemeinde das Gebet verrichten, stellte sich aber aus Versehen zur Linken des Imams auf. Der Pro-

---

37 Vgl. Abu Dawud: Sunan, Salah, 96 (D677).
38 Vgl. Abu Dawud: Sunan, Salah, 164, 165 (D918); Nasa'i, Tatbiq, 82 (N1142).
39 Vgl. Muslim: Sahih, Masadschid, 43 (M1214).
40 Vgl. Tirmidhi: Sunan, Manaqib, 30 (T3774); Nasa'i: Sunan, Dschum'a, 30 (N1414).
41 Vgl. Bukhari: Sahih, Adhan, 164 (B871); Abu Dawud: Sunan, Tatawwu', 26 (D1364).
42 Vgl. Bukhari: Sahih. Adhan. 161 (B861); Muslim: Sahih, Salah, 254 (M1124).
43 Tirmidhi: Sunan, Dschum'a, 60 (T589).

phet griff ihn und zog ihn zu seiner rechten Seite, wo er ihm über den Kopf streichelte.[44] Bei jeder Gelegenheit forderte er die Kinder zum Gebet auf und kontrollierte sie dabei auch. Eines Nachts, als er in das Gemach seiner Ehefrau *Maymuna* (r.a.) trat, sah er, dass *Abdullah ibn Abbas* bei seiner Tante war, und die Nacht anscheinend bei ihr verbringen wollte. „*Hat das Kind sein Ritualgebet verrichtet?*", fragte er sie, denn diese Frage ließ ihm keine Ruhe.[45]

Bezüglich der religiösen Erziehung der Kinder ist zu sehen, dass der Prophet (s.a.w.) insbesondere dem Ritualgebet einen großen Wert beimaß. Die Liebe zu den Glaubenspraxen (*Ibadah*) sollte sich beim Kind so früh wie möglich einstellen. Denn die *Ibadah* sollte bei ihm zur Gewohnheit werden, bevor es zu spät dafür ist. Deshalb sagte er: „*Weist ihn (das Kind) zum Ritualgebet an, sobald es seine rechte Seite von seiner linken Seite unterscheiden kann.*"[46] Und er wies die Gemeinde darauf hin, dass sie mit fortschreitendem Alter ihrer Kinder darauf bestehen sollten, dass sie das Ritualgebet verrichten.[47]

Und nicht nur beim Ritualgebet, auch wenn es um das Fasten ging, wollte er, dass die Kinder von klein auf dazu erzogen wurden. Zur Zeit des Propheten stellten die Mütter sogar für ihre Kinder Spielzeug aus Wolle her – es sollte ihnen das Fasten erleichtern, weil sie darüber ihren Hunger vergaßen.[48] Die Kinder sollten mit Glaubenspraxen aufwachsen. Und so erlaubte er ihnen sogar, an einer Großveranstaltung wie der Pilgerfahrt teilzunehmen, die Gedränge bedeutete und vom Zusammentreffen der Massen begleitet war. Eine Mutter hielt ihr Kind in die Höhe und fragte ihn:

---

44 Vgl, Muslim: Sahih, Salah al-Musafirin, 182 (M1789).
45 Vgl. Abu Dawud: Sunan, Tatawwu', 26 (D1356).
46 Abu Dawud: Sunan, Salah, 26 (D497).
47 Vgl. Abu Dawud: Sunan, Salah, 26 (D495); Tirmidhi: Sunan, Salah, 182 (T407).
48 Vgl. Bukhari: Sahih, Sawm, 47 (B1960); Muslim: Sahih, Siyam, 136 (M2669).

„Gibt es auch für ihn die Pilgerfahrt?" Der Prophet antwortete ihr: *„Ja. Und für dich gibt es zusätzlichen Lohn (weil du die Pilgerfahrt mit ihm zusammen vollführst)."*[49]

Auch wenn das Kind in der Gegenwart lebt, gehört es eigentlich mehr der Zukunft. Sich für ihn zu bemühen bedeutet, das Individuum von Morgen zu erziehen, also die Gesellschaft der Zukunft zu formen. Der Prophet (s.a.w.) warnte die Eltern einst, als er sagte: *„Dein Kind hat Anrechte auf dich!"*[50] Und zu diesen Rechten, die Eltern ihren Kindern ohne Abstriche geben müssen, gehört vor allen Dingen das Recht auf eine gute Erziehung. Seine körperliche und geistige Entwicklung, soziale und kulturelle Entfaltung sowie moralische und religiöse Erziehung, dies alles fängt noch im Schoß der Mutter an und wird im Hause des Vaters gefestigt. Eltern, die sich um ein gut erzogenes Kind bemühen, sollten folgende Ermahnung des Propheten nicht vergessen: *„Keine Mutter und kein Vater machte ihrem Kind ein wertvolleres Geschenk als die gute Erziehung."*[51]

---

49 Muslim: Sahih, Hadsch, 409 (M3253); Tirmidhi: Sunan, Hadsch, 83 (T924).
50 Muslim: Sahih, Siyam, 183 (M2731).
51 Tirmidhi: Sunan, Birr wa Sila, 33 (T1952); Ibn Hanbal: Musnad, IV, 77 (HM16830).

DIE KINDER DES PROPHETEN MUHAMMED: DIE ROSENKNOSPEN DES HAUSES DER GLÜCKSELIGKEIT

15 Jahre vor seinem Prophetentum heiratete der Prophet Muhammed (s.a.w.) in Mekka *Khadidscha bint Huwaylid* (r.a.), die „*Tahira*" (reine Frau) genannt wurde.[1] *Khadidscha* (r.a.) war eine wohlhabende, großzügige, vornehme und gutmütige Frau. Sie war die erste Ehefrau unseres Propheten, seine Lebenspartnerin und seine größte Stütze in schweren Zeiten. *Qasim* war das erste Kind, das aus dieser Ehe auf die Welt kam.[2] Anspielend auf seinen Sohn, benutzte unser Prophet die *Kunya* (Teknonymie) „*Abu al-Qasim*" (Vater von Qasim).[3]

---

[1] Vgl. Ibn al-Athir: 'Usd al-Ghabah, VII, 80 (EÜ7/80).
[2] Vgl. Ibn Hischam: Sirah, II, 9 (HS2/9).
[3] Vgl. Muslim: Sahih, Adab, 5 (M5591); Bukhari: Sahih, Buyu', 49 (B2120).

Qasim verstarb mit zwei Jahren, noch bevor er die Stillzeit vollendet hatte.[4] Als er starb, sagte *Khadidscha* (r.a.) in ihrem Kummer: „Die Muttermilch für *Qasim* kommt immer noch. Hätte Allah ihn doch bis zum Ende seiner Stillzeit am Leben gehalten." Daraufhin sagte der Gesandte Allahs (s.a.w.): *„Er wird seine Stillzeit im Paradies vollenden"*[5], womit er seiner geliebten Frau Trost schenkte.

Unser Prophet (s.a.w.) bekam nur von seinen Ehefrauen *Khadidscha* (r.a.) und von *Mariya* (r.a.) Kinder. Nach der allgemein akzeptierten Meinung hatte er von *Khadidscha* (r.a.) zwei Söhne namens *Qasim* und *Abdullah* und vier Töchter namens *Zaynab, Ruqayyah, Fatima* und *Umm Kulsum*. Von seiner ägyptischen Frau *Mariya* (r.a.) kam sein Sohn *Ibrahim* auf die Welt.[6] Außer *Abdullah*, der in Mekka zur Welt kam, und *Ibrahim*, der in Medina geboren wurde, kamen alle Kinder des Gesandten vor seinem Prophetentum auf die Welt.[7]

---

4 Vgl. Baladhuri: Ansab al-Aschraf, II, 24 (BE2/24).
5 Ibn Madscha: Sunan, Dschana'iz, 27 (IM1512).
6 Vgl. Ibn Hischam: Sirah, II, 9 (HS2/9).
7 Vgl. Ibn Sa'd: Tabaqat, I, 110-111 (ST1/110).

Abdullah, der Sohn des Propheten, kam während der Offenbarung des Islams zur Welt und verstarb in Mekka.[8] Auch wenn in einigen Quellen anstelle von *Abdullah* die Namen *Tayyib* oder *Tahir* angegeben werden,[9] wird auch bemerkt, dass diese nur die Beinamen von *Abdullah* sind.[10]

Zaynab (r.a.) war die Älteste seiner Töchter.[11] Als sie auf die Welt kam, war der Gesandte Allahs (s.a.w.) 30 Jahre alt.[12] Sie hat von seinen Töchtern als Erste geheiratet.[13] Diese Eheschließung fand vor der Verkündung des Islam statt. *Zaynab* (r.a.) heiratete *Abu al-As ibn Rabi*, Sohn von *Hale bint Huwaylid*, welche die Schwester von *Khadidscha* (r.a.) war. Wie die anderen Töchter des Propheten (s.a.w.) nahm auch sie den Islam an, sobald er offenbart wurde. Ihr Mann jedoch entschied sich für die alte Religion. Er nahm sogar an der Schlacht von *Badr* auf der Seite der Polytheisten teil und wurde als Gefangener festgenommen. *Zaynab* (r.a.) schickte als Lösegeld einen gewissen Besitz und eine Halskette, die ihre Mutter ihr zur Hochzeit geschenkt hatte, um ihren Mann zu befreien. Als der Gesandte Allahs (s.a.w.) die Halskette sah, erkannte er sie sofort wieder und war betrübt. Er sprach mit seinen Gefährten darüber, dass sein Schwiegersohn ohne Lösegeld freikomme, stellte jedoch die Bedingung, dass er als Gegenleistung für seine Freiheit seiner Tochter die Erlaubnis geben solle, nach Medina auszu-

---

8 Vgl. Ibn Sa'd: Tabaqat, I, 110-111 (ST1/110).
9 Vgl. Ibn Hischam: Sirah, I, 142 (HS1/142); Bayhaqi: as-Sunan al-Kubra, VII, 107 (BS13709).
10 Vgl. Baladhuri: Ansab al-Aschraf, II, 34 (BE2/34); Suhayli: ar-Rawd al-Unuf, II, 156 (SU2/154).
11 Vgl. 'Abd ar-Razzaq: Musannaf, VII, 494 (MA14011).
12 Vgl. Hakim, Mustadrak, VII, 2441 (4/42) (NM6833, NM6834).
13 Vgl. Ibn Sa'd: Tabaqat, VIII, 31 (ST8/31).

wandern.¹⁴ *Abu al-As Ibn Rabi* hielt sein Wort, woraufhin der Gesandte Allahs *Zayd ibn Haritha* und jemanden von den *Ansar* nach Mekka sandte, um *Zaynab* (r.a.) nach Medina zu bringen.¹⁵

Später, im sechsten Jahr der *Hidschrah*, wurde eine aus Damaskus zurückkehrende Handelskarawane gefangen genommen, in der sich auch *Abu al-As* befand. *Abu al-As* flüchtete von der Karawane und kam nachts zu *Zaynab* und bat sie um ihren Schutz. *Zaynab*, die noch Liebe für ihren Mann empfand, nahm seinen Wunsch an und gab bekannt, dass *Abu al-As* in ihrem Gewahrsam sei.¹⁶ *Abu al-As*, der aufgrund seiner Aufrichtigkeit das Lob des Gesandten Allahs erlangt hatte,¹⁷ konvertierte nach diesem Ereignis zum Islam.¹⁸ Aus diesem Grund vermählte der Gesandte *Abu al-As*, der aufgrund seiner Treue zu *Zaynab* in der Trennungszeit nicht geheiratet hatte,¹⁹ erneut mit seiner Tochter.²⁰

Es wird angegeben, dass *Zaynab* (r.a.) am Anfang des achten Jahres der *Hidschrah* verstarb. Die Todesursache geht auf ein bitteres Ereignis bei der Auswanderung nach Medina zurück. *Zaynab* (r.a.), die bei ihrer Auswanderung schwanger war, sollte von ihrem Schwager *Kinana ibn Rabi* an *Zayd ibn Haritha* übermittelt werden. Die Polytheisten jedoch, die dies erfuhren, verfolgten sie, um ihre Auswanderung nach

---

14 Vgl. Baladhuri: Ansab al-Aschraf, I, 397 (BE1/397).
15 Vgl. Abu Dawud: Sunan, Dschihad, 121 (D2692); Ibn Hischam: Sirah, II, 489 (HS2/489).
16 Vgl. Ibn Hischam: Sirah, II, 494 (HS3/208).
17 Vgl. Bukhari: Sahih, Fardh al-Humus, 5 (B3110); Muslim: Sahih, Fada'il as-Sahaba, 95 (M6309).
18 Vgl. Ibn Sa'd: Tabaqat, II, 83 (ST2/83).
19 Vgl. Baladhuri: Ansab al-Aschraf, I, 397 (BE1/397).
20 Vgl. Tirmidhi: Sunan, Nikah, 43 (T1142); Abu Dawud: Sunan, Talaq, 23-24 (D2240).

Medina zu verhindern. Die Ersten, die *Zaynab* erreichten, waren *Habbar ibn Aswad*, der später den Islam annahm und nach Medina auswanderte,[21] und *Nafiʿ ibnAbdiqays al-Fihri*. *Habbar* stieß das Kamel mit seinem Speer an, woraufhin *Zaynab* vom Kamel fiel. Es wird überliefert, dass *Zaynab* infolge dieses Ereignisses ihr Kind verlor und krank wurde, wobei ihre Todesursache auf diese Krankheit zurückgeführt wird.[22]

Unser Prophet (s.a.w.) erklärte seinen weiblichen Gefährten, wie sie den Leichnam von *Zaynab* (r.a.) zu waschen und in ein Leichentuch zu wickeln haben, und ließ sie dies genauso ausführen. Anschließend gab er den Frauen sein eigenes Tuch, um daraus ein Unterhemd für seine Tochter machen zu lassen.[23] *Zaynab* hatte zwei Kinder namens *Ali* und *Umama*. Ihr Sohn *Ali* verstarb in einem jungen Alter, ihre Tochter lebte nach dem Tod ihrer Mutter weiter und heiratete *Ali* (r.a.), den Sohn von *Abu Talib*, nachdem dessen Frau *Fatima* (r.a.) verstorben war.[24] Die Enkeltochter des Propheten, die er auf seinen Schultern trug und selbst das Ritualgebet mit ihr auf seinen Schultern verrichtete, war *Umama*.[25]

Die andere Tochter des Propheten, *Rukayya* (r.a.), war vor dem Prophetentum mit *Utba*, dem Sohn von *Abu Lahab*, verlobt, welcher der Onkel des Propheten war. Nachdem

---

21 Vgl. Ibn Hadschar: al-Isabah, VI, 526 (HI6/526).
22 Vgl. Hakim: Mustadrak, III, 1061 (2/201) (NM2812); Hakim: Mustadrak, VII, 2441 (4/43) (NM6835).
23 Vgl. Muslim: Sahih, Dschana'iz, 40 (M2173); Bukhari: Sahih, Dschana'iz, 8 (B1253).
24 Vgl. Ibn Saʿd: Tabaqat, VIII, 31 (ST8/31); Bayhaqi: as-Sunan al-Kubra, VII, 107 (BS13709).
25 Vgl. Bukhari: Sahih, Salah, 106 (B516); Muslim: Sahih, Masadschid wa Mawdhi as-Salah, 42 (M1213).

die *Sura at-Tabbat* offenbart wurde, in der *Abu Lahab* und seine Frau getadelt werden, ließen sie ihren Sohn von dieser Heirat abwenden und sorgten dafür, dass sie sich trennten. *Rukayya* (r.a.) heiratete später *Uthman* (r.a.) und war bei beiden Auswanderungen nach Abessinien an seiner Seite. Aus dieser Ehe ging ihr Sohn *Abdullah* hervor. Es wird überliefert, dass *Abdullah* im Alter von sechs Jahren verstarb.[26]

Als der Prophet (s.a.w.) die Vorbereitungen für die Schlacht zu *Badr* traf, wurde seine Tochter *Rukayya* krank. Daher sagte der Gesandte Allahs zu seinem Schwiegersohn *Uthman* (r.a.): *„Du erlangst die Belohnung von Allah (Sawab) eines Kriegsveteranen der Schlacht von Badr und einen Teil von der Kriegsbeute"*, womit er zum Ausdruck brachte, dass er bei seiner Frau bleiben solle, woraufhin *Uthman* (r.a.) nicht an der Schlacht von *Badr* teilnahm.[27] Siebzehn Monate nach der *Hidschrah*, im Monat Ramadan, bevor der Prophet aus *Badr* zurückgekehrt war, verstarb seine Tochter *Rukayya* (r.a.) an ihrer Krankheit.[28] Als *Zayd ibn Haritha* (r.a.) den Sieg von der Schlacht von *Badr* in Medina verkündete, hatte die Beerdigung von *Rukayya* (r.a.) bereits stattgefunden. Als der Prophet (s.a.w.) nach Medina kam und ihr Grab besuchte, wo sich auch Frauen versammelt hatten, war er sehr betrübt. *Rukayya* (r.a.), die in ihrem kurzen Leben zweimal nach Abessinien und als letzten Ort nach Medina ausgewandert war, begab sich von nun an auf die größte Auswanderung. Als *Umar* (r.a.) die Frauen, die vor ihrem Grab weinten, ermahnte, sagte der Prophet: *„Lass sie Umar, lass sie weinen."* Eine der Trauernden war *Fatima* (r.a.). Als

---

26 Vgl. Ibn Sa'd: Tabaqat, III, 54 (ST3/54).
27 Vgl. Bukhari: Sahih, Fada'ilAshab an-Nabi, 7 (B3699).
28 Vgl. Bayhaqi: as-Sunan al-Kubra, VII, 107 (BS13709).

der Prophet seine Tochter weinen sah, wischte er mit der Spitze seiner Kleidung ihre Tränen ab.[29]

Die dritte Tochter des Gesandten Allahs (s.a.w.), *Umm Kulsum* (r.a.), war wie ihre ältere Schwester *Rukayya* mit *Utayba* dem anderen Sohn von *Abu Lahab* verlobt, und musste sich aus demselben Grund wie ihre Schwester von ihm trennen. *Umm Kulsum* (r.a.), die unmittelbar nach der Auswanderung des Gesandten Allahs auch nach Medina auswanderte, heiratete wie ihre Schwester *Rukayya*, nachdem sie verstorben war, *Uthman* (r.a.).[30] Der Prophet (s.a.w.) kündigte an, dass Allah Ta´ala die Heirat von *Uthman* und *Umm Kulsum* billige, unter der Bedingung, dass er *Umm Kulsum* als Brautgabe dieselbe Menge geben solle, die er auch *Rukayya* gab,[31] woraufhin der Prophet sie vermählte und *Uthman* folglich mit dem Beinamen „*Zu'n-Nurayn*" bekannt wurde, welcher „der Besitzer der zwei Erleuchtungen" bedeutete.[32]

Im neunten Jahr der *Hidschrah*, ein Jahr nach ihrer Schwester *Zaynab*, verstarb auch *Umm Kulsum*, während ihrer Ehe mit *Uthman*, ohne ein Kind zu hinterlassen.[33] Als der Gesandte Allahs *Uthman* (r.a.), der aufgrund des Todes von *Umm Kulsum* (r.a.) weinte, fragte: „*Warum weinst du?*", antwortete *Uthman*: „Weil meine Verwandtschaft mit dir ihr Ende erreicht hat, oh Gesandter Allahs!" Der Gesandte Allahs (s.a.w.) beruhigte ihn daraufhin mit den Worten: „*Nein. Der Tod beendet keine Verwandtschaft, die Verwandtschaft endet nur durch die Scheidung. Hätte ich eine dritte Tochter, so hätte*

---

29 Vgl. Ibn Sa'd: Tabaqat, VIII, 37 (ST8/35).
30 Vgl. Ibn Sa'd: Tabaqat, III, 56; VIII, 35 (ST3/56; ST8/35).
31 Vgl. Ibn Madscha: Sunan, Sunnah, 11/3 (IM110).
32 Vgl. Bayhaqi: as-Sunan al-Kubra, VII, 73 (BS13713).
33 Vgl. Ibn Sa'd: Tabaqat, VIII, 38 (ST8/35); Bayhaqi: as-Sunan al-Kubra, VII, 107 (BS13709).

ich auch sie mit dir vermählt."[34] Die Gefährtinnen, die den Leichnam von *Umm Kulsum* (r.a.) wuschen, hatten ihre Haare in drei Zöpfe geflochten, wickelten sie in ein Leichentuch, das aus einem Lendentuch, einem Tuch als Oberkörperwickel, einem Kopftuch und einem Außenwickel bestand, die der Gesandte Allahs ihnen gab. Anschließend parfümierten sie sie mit schönen Düften und verabschiedeten sie zu ihrer letzten Reise.[35] Als der Leichnam von *Umm Kulsum* in das Grab gelegt wurde, sprach der Prophet das Wort Allahs: *„Aus ihr (der Erde) haben Wir euch erschaffen, und in sie lassen Wir euch zurückkehren, und aus ihr lassen Wir euch ein weiteres Mal erstehen."*[36]

Die jüngste Tochter[37] des Propheten Muhammed (s.a.w.) war *Fatima* (r.a.) und wurde in Mekka geboren, in der Zeit, als die *Quraysch* die Kaaba restaurierten. Der Gesandte Allahs war zu der Zeit 35 Jahre alt.[38] Nach der Auswanderung des Propheten wurde sie im selben Jahr nach Medina gebracht. Im fünften Monat der *Hidschrah* bat *Ali* (r.a.) den Gesandten Allahs um die Hand *Fatimas*, woraufhin der Gesandte Allahs sie unmittelbar nach der Schlacht von *Badr* vermählte. *Fatima* (r.a.) war damals ungefähr 18 Jahre alt.[39] Der Gesandte Allahs (s.a.w.) gab seiner Tochter als Aussteuer einen kleinen Teppich aus Samt, einen Wasserbehälter, Kissen mit Faserfüllung und zwei Handmühlen.[40] Aus

---

34 Baladhuri: Ansab al-Aschraf, II, 29 (BE2/29).
35 Vgl. AbuDawud: Sunan, Dschana'iz, 31; 32 (M3157); Ibn Madscha: Sunan, Dschana'iz, 8 (IM1459).
36 Koran: Ta-Ha, 20/55; Ibn Hanbal: Musnad, V, 254 (HM22540).
37 Vgl. ʿAbd ar-Razzaq: Musannaf, VII, 494 (MA14011).
38 Vgl. Ibn Saʿd: Tabaqat, VIII, 26 (ST8/26).
39 Vgl. Ibn Saʿd: Tabaqat, VIII, 22 (ST8/22).
40 Vgl. Ibn Hanbal: Musnad, I, 104 (HM819); Ibn Hanbal: Musnad, I, 92 (HM715; Nasa'i: Sunan, Nikah, 81 (N3386).

dieser Ehe gingen vier Kinder namens *Hasan, Husayn, Umm Kulsum* und *Zaynab* hervor.[41]

Obwohl *Fatima* (r.a.) die Tochter eines Propheten war, führte sie bei ihrem Mann ein ärmliches und bescheidenes Leben. Die Verpflichtungen des Haushalts überforderten sie, durch das Getreidemahlen an der Mühle bildete sich Hornhaut in ihren Händen. Als auch ihr Mann von derselben Lage betroffen war, gingen sie zum Gesandten Allahs und baten ihn um einen Diener. Der Gesandte Allahs (s.a.w.) erinnerte sie an die Leiden der *Ashab al-Suffa* und empfahl ihnen, Allah dankbar zu sein.[42] Zudem liebte der Gesandte Allahs seine Tochter sehr und sagte: *„Fatima ist ein Teil von mir."*[43] *Fatima* (r.a.) ähnelte in ihrer Haltung und ihrem Gang ihrem Vater sehr. Daher sagte *Aischa* (r.a.), die Mutter der Gläubigen: „Ich habe niemanden gesehen, der hinsichtlich der Haltung, Einstellung und des Verhaltens dem Gesandten Allahs (s.a.w.) so sehr ähnlich war, wie *Fatima* (Möge Allah ihr Gesicht erhellen). Wenn *Fatima* zum Gesandten Allahs kam, stand er auf, hielt ihre Hand, küsste sie und ließ sie auf seinem Platz sitzen. Und wenn der Gesandte Allahs zu *Fatima* ging, so stand sie (in gleicher Weise) sofort auf, hielt die Hand ihres Vaters, küsste ihn und ließ ihn auf ihrem Platz sitzen."[44]

Nach der allgemein anerkannten Ansicht verstarb *Fatima* (r.a.) im elften Jahr der *Hidschrah*, sechs Monate nach dem

---

41 Vgl. Ibn Sa'd: Tabaqat, VIII, 26 (ST8/26).
42 Vgl. Ibn Hanbal: Musnad, I, 107 (HM838).
43 Vgl. Muslim: Sahih, Fada'il as-Sahaba, 96 (M6310); Bukhari: Sahih, Nikah, 110 (B5230).
44 Abu Dawud: Sunan, Adab, 143, 144 (D5217); Bukhari: Sahih, Manaqib, 25 (B3623).

Tod des Gesandten Allahs. Es wird angegeben, dass sie ungefähr 29 Jahre alt war, als sie verstarb.[45]

Der Gesandte Allahs (s.a.w.) hatte seine Frau *Khadidscha al-Kubra* (r.a.), seine Lebensgefährtin und die Mutter seiner Kinder, nie vergessen und erwähnte sie immer mit Liebe.[46] Neben diesen Kindern von *Khadidscha* (r.a.) hatte der Gesandte Allahs noch ein Kind von seiner ägyptischen Frau *Mariya* (r.a.). Es war im achten Jahr der *Hidschrah*; in einer Nacht in Medina brachte *Mariya* (r.a.), die Mutter der Gläubigen, mithilfe der Hebamme *Salma*, der freigelassenen Sklavin des Propheten, ein Kind auf die Welt. *Salma* (r.a.) teilte die Geburt direkt ihrem Mann *Abu Rafi'* mit. Und er gab diese frohe Botschaft unmittelbar danach an den Gesandten Allahs weiter.[47] Nach der Überlieferung von *Anas* (r.a.) sagte unser Prophet Muhammed (s.a.w.), als es Morgen wurde: *„In dieser Nacht wurde mir ein Sohn geboren. Ich gab ihm den Namen meines Urahnen (dem Propheten Abraham) Ibrahim."*[48]

Am siebten Tag der Geburt von *Ibrahim* schlachtete unser Prophet einen Widder als *Aqiqah*-Opfer und ließ die Haare des Neugeborenen schneiden, die er auswiegen ließ und verschenkte Silber in dessen Gewicht an die Bedürftigen.[49] Die medinensischen Frauen wetteiferten, um seine Amme zu werden, der Gesandte Allahs (s.a.w.) gab ihn letztendlich an *Umm Burda*, die mit einem Eisenschmied namens *Abu Sayf* verheiratet war. Unser Prophet ging zum Haus von

---

45 Vgl. Ibn Sa'd: Tabaqat, VIII, 28 (ST8/28).
46 Vgl. Bukhari: Sahih, Manaqibal-Ansar, 20 (B3818).
47 Vgl. Ibn Sa'd: Tabaqat, I, 112-113 (ST1/112).
48 Abu Dawud: Sunan, Dschana'iz, 23, 24 (D3126); Muslim: Sahih, Fada'il, 62 (M6025).
49 Vgl. Ibn Sa'd: Tabaqat, I, 112-113 (ST1/112).

Umm Burda, nahm seinen Sohn auf seinen Schoß und küsste ihn.[50] *Ibrahim* war weißhäutig, worin der Prophet eine Ähnlichkeit mit sich selbst sah.[51]

Als *Ibrahim*, das letzte Kind des Gesandten, im zehnten Jahr der *Hidschrah* im Haus von *Abu Sayf*, dem Mann der Amme,[52] verstarb, war er entweder 16 Monate[53] oder 18 Monate alt.[54] Der Prophet wiederholte seine Worte, die er beim Tod seines ersten Sohnes gesprochen hatte, diesmal jedoch für seinen Sohn *Ibrahim*, der dasselbe Schicksal mit seinem Bruder teilte: *„Wahrlich, im Paradies wird es jemanden geben, der ihn mit Milch versorgen wird."*[55]

Anas, der junge Diener des Propheten (s.a.w.), berichtete über die Todesstunde des Kindes *Ibrahim* Folgendes: „Ich sah das Kind vor den Augen des Gesandten Allahs sterben. Der Gesandte Allahs hatte Tränen in den Augen und er sagte: *„Die Augen tränen, das Herz leidet, jedoch sprechen wir nichts anderes aus, als die Worte, die Allah wohlgefällig sind. Oh Ibrahim, wir sind über deinen Tod tief betrübt."*[56]

Auf dem Friedhof *Dschannah al-Baqi* wurde neben dem Grab des ersten dort beerdigten *Uthman ibn Maz'un* (r.a.), ein Grab ausgehoben, wo *Ibrahim* beerdigt wurde. Der Prophet Muhammed (s.a.w.) und sein Onkel *Abbas* (r.a.) standen neben dem Grab, *Uthman ibn Zayd* und *Fadl ibn Abbas* (r.a.) stiegen in das Grab hinab und legten ihn hinein. Der Ge-

---

50 Vgl. Muslim: Sahih, Fada'il, 63 (M6026).
51 Vgl. Ibn Sa'd: Tabaqat, I, 137 (ST1/137).
52 Vgl. Bukhari: Sahih, Dschana'iz, 43 (B1303).
53 Vgl. 'Abd ar-Razzaq: Musannaf, VII, 494 (MA14013).
54 Vgl. Abu Dawud: Sunan, Dschana'iz, 48-49 (M3187).
55 Bukhari: Sahih, Adab, 109 (B6195).
56 Abu Dawud: Sunan, Dschana'iz, 23, 24 (D3126); Muslim: Sahih, Fada'il, 62 (M6025).

sandte Allahs, der im Grab einen Hohlraum, ein Loch sah, befahl, die Stelle auszubessern und verkündete: *„Wenn einer Seiner Diener einer Arbeit nachgeht, so mag es Allah, dass dieser es gewissenhaft tut"*[57], womit er den Gläubigen im Andenken an diesem Tag ein wichtiges Grundprinzip mitteilte. Nachdem *Ibrahim* beerdigt wurde, markierte der Gesandte Allahs das Grab mit einem Stein an der Kopfseite und besprengte es mit Wasser.[58] Als der Todestag von *Ibrahim* auf den Tag traf, an dem eine Sonnenfinsternis stattfand, hegten die Menschen den Gedanken, dass dies aufgrund seines Todes geschehen sei. Daraufhin hielt der Gesandte Allahs (s.a.w.) eine Rede und erklärte, dass weder die Sonnen- noch die Mondfinsternis wegen des Todes einer Person stattfindet.[59]

Wie ersichtlich, hat auch der Prophet Muhammed (s.a.w.), der letzte Gesandte Allahs, wie jeder Mensch geheiratet und Kinder bekommen. Seine Söhne, zwei von *Khadidscha* (r.a.) und einer von *Mariya* (r.a.), sind noch während der Stillzeit verstorben. Seine Töchter, die alle den Islam angenommen haben und nach Medina ausgewandert sind, sind alle außer *Fatima* (r.a.) zu Lebzeiten des Propheten verstorben; *Fatima* verstarb sechs Monate nach dem Tod ihres Vaters. Sein Sohn *Ibrahim*[60] und sein Enkelkind *Ali*, Sohn seiner Tochter *Zaynab*,[61] verstarben in seinen Armen. Der Gesandte Allahs (s.a.w.), der in seinem Leben Zeuge der Todesfälle all seiner Kinder – außer einem Kind – war, durchlebte die

---

57 Tabarani: al-Mu'dscham al-Kabir, XXIV, 306 (MK21363).
58 Vgl. Ibn Sa'd: Tabaqat, I, 144 (ST1/144).
59 Vgl. Bukhari: Sahih, Kusuf, 1 (B1043); Muslim: Sahih, Kusuf, 10 (M2102).
60 Vgl. Muslim: Sahih, Fada'il, 62 (M6025).
61 Vgl. Bukhari: Sahih, Dschana'iz, 32 (B1284); Muslim: Sahih, Dschana'iz, 11 (M2135).

äußerst schwere Prüfung, ein Kind zu verlieren, mehrmals und hielt dieser schweren Prüfung, die jeden treffen kann, stand. Er durchlebte wie jeder Mensch alle Erfahrungen, die ein Mensch erleben konnte, samt dem Leid und dem Wohlergehen.

Die Todesfälle der Prophetenkinder im jungen Alter wurden von den polytheistischen Mekkanern ausgenutzt. Die aufeinander folgenden Todesfälle von *Qasim* und *Abdullah*, noch während sie Babys waren, machten den Polytheisten Hoffnung, weil sie zu dem Urteil kamen, dass durch den Tod des Propheten (s.a.w.) auch der Islam ein Ende haben werde. Einige nutzten sogar diese Situation höhnisch gegen den Gesandten Allahs aus und fingen an, ihn als *„Abtar"* (dessen Erblinie/Nachkommenschaft beendet ist) zu bezeichnen.[62] Auf der anderen Seite bestimmen die Koranverse, dass die wirklichen Fehlgeleiteten diejenigen sind, die sich von den göttlichen Wahrheiten abwenden und verkünden, dass das Prophetentum, das eine Gabe für den Propheten ist (*Kawthar*), eine über allen Zeiten bestehende, universale Einladung ist und weder auf Abstammung noch auf Nachkommenschaft begrenzt werden kann.[63]

Infolgedessen sind diejenigen, die diese Botschaft vom Propheten übernehmen werden, seine *Ummah* (die Gesamtheit der Muslime). Wie bekannt, wurde die Erblinie des Gesandten Allahs (s.a.w.) durch seiner Tochter *Fatima* (r.a.) weitergeführt. Der frühe Tod seiner Söhne entsprach durchaus der Vorherbestimmung. In Anbetracht einiger Ansichten in die Zeit nach dem Propheten, wie: *„Wenn ein (göttliches) Ur-*

---

62 Vgl. Ibn Saʻd: Tabaqat, III, 7 (ST3/7).
63 Vgl. Koran: al-Kawthar, 108/1-3.

teil verkündet worden wäre, dass nach Muhammed (s.a.w.) ein weiterer Prophet kommen werde, so hätte sein Sohn (Ibrahim) weitergelebt"[64], wird ersichtlich, dass hinter dieser göttlichen Bestimmung viele heilige Weisheiten stecken.

---

[64] Bukhari: Sahih, Adab, 109 (B6194); Ibn Madscha: Sunan, Dschana'iz, 27 (IM1510, IM1511).

DIE KOMMUNIKATION DES PROPHETEN MIT KINDERN UND JUGENDLICHEN

Aqra ibn Habis (r.a.) war einer der Führer des *Tamim*-Stammes und hatte unter den Arabern eine wichtige Position inne. In der *Dschahiliyyah*-Zeit fungierte er bei Streitfällen als Richter und urteilte, so gut er konnte, mit Gerechtigkeit. *Aqra*, der vor der Eroberung Mekkas bereits den Islam annahm,[1] versuchte nach bestem Können, Wissen über den Islam zu erlangen. Was er jedoch einmal zum Propheten Muhammed (s.a.w.) sagte, zeigte, dass er in seinem liebevollen Verhalten zu Kindern und in seiner Nachsicht mit den Kleineren noch Mängeln aufwies.

Aqra Ibn Habis (r.a.) sah eines Tages den Gesandten Allahs sein Enkelkind *Hasan* küssen. Er war verwundert, fand diese Handlung, die

---
1 Vgl. Ibn Hadschar: al-Isabah, I, 101-102 (H11/101).

nicht den Gepflogenheiten entsprach, seltsam und sagte: „Ich habe zehn Kinder. Ich habe keines von ihnen geküsst." Der Prophet der Barmherzigkeit (s.a.w.) äußerte daraufhin: *„Wer nicht barmherzig ist, der erfährt selbst auch keine Barmherzigkeit"*[2], und deutete damit an, dass *Aqra* seinen Fehler beheben sollte. Denn kein Kind sollte, ohne geliebt zu werden, ohne Liebe und Zuneigung zu erfahren, ohne genügend Barmherzigkeit zu verspüren und mit Güte umarmt zu werden, groß werden. Und eines der wichtigsten Prinzipien des Gesandten Allahs (s.a.w.) war, den Kleineren Liebe und Barmherzigkeit zu schenken: *„Wer unseren Kleinen keine Barmherzigkeit entgegenbringt und unseren Älteren keinen Respekt zeigt, gehört nicht zu uns."*[3]

---

[2] Muslim: Sahih, Fada'il, 65 (M6028); Bukhari: Sahih, Adab, 18 (B5997).
[3] Tirmidhi: Sunan, Birr wa Sila, 15 (T1919).

Unser Prophet (s.a.w.) liebte die Kinder sehr. Letztendlich wurde er als Segen für alle Welten gesandt[4] und die Liebe zu den Kindern war ein Indiz für das Erbarmen, das den Menschen von Allah gewährt wurde. Unser Prophet zeigte seine Liebe zu den Kindern auf verschiedener Weise, wie zum Beispiel, indem er für sie Bittgebete sprach,[5] er sie umarmte und küsste[6] oder sie auf seinem Schoß sitzen ließ.[7] Wie auch *Usama ibn Zayd* (r.a.) überlieferte, ließ der Gesandte Allahs (s.a.w.) ihn auf einem seiner Knie und *Hasan* auf dem anderen Knie sitzen, umarmte sie und sprach für sie folgendes Bittgebet: *„Oh Allah, mögest Du zu diesen beiden barmherzig sein! Ich behandle sie auch mit Barmherzigkeit!"*[8] Und manchmal schenkte er (s.a.w.) den Kindern Aufmerksamkeit, indem er sie auf sein Reittier nahm,[9] auf seinen Schultern trug,[10] ihre Wangen streichelte[11] und sogar mit ihnen scherzte[12].

Umm Sulaym (r.a.), die unter den medinensischen Gefährtinnen für ihre Frömmigkeit, Intelligenz und ihren Mut bekannt war, kehrte nach Medina zurück, nachdem sie selbst an der Schlacht von *Hunayn* teilgenommen hatte, und gebar dort einen Jungen.[13] Sie gab das Baby ihrem älteren Sohn

---

4 Vgl. Koran : al-Anbiya, 21/107.
5 Vgl. Bukhari: Sahih, Libas, 60 (B5884); Muslim: Sahih, Fada'ilas-Sahaba, 56 (M6256).
6 Vgl. Bukhari: Sahih, Buyu', 49 (B2122).
7 Vgl. Bukhari: Sahih, Wudu', 59 (B223); Muslim: Sahih, Adab, 25 (M5616).
8 Bukhari: Sahih, Adab, 22 (B6003).
9 Vgl. Bukhari: Sahih, Libas, 99 (B5965).
10 Vgl. Muslim: Sahih, Fada'il as-Sahaba, 59 (M6259); Bukhari: Sahih, Adab, 18 (B5996).
11 Vgl. Muslim: Sahih, Fada'il, 80 (M6052).
12 Vgl. Tirmidhi: Sunan, Birr wa Sila, 57 (T1992); Abu Dawud: Sunan, Adab, 84 (D5002).
13 Vgl. Ibn Sa'd: Tabaqat, VIII, S. 425 (ST8/425).

Anas (r.a.) in die Arme und schickte ihn zum Propheten. Der Gesandte Allahs (s.a.w.) bat um eine Dattel, kaute sie weich und legte sie in den Mund des Neugeborenen. Als das Kind die Dattel kostete, seine Zunge und Lippen bewegte, sagte er: „*Schaut nur, wie der Ansar die Dattel mag!*", und gab dem Kind den Namen *Abdullah*.[14] Nach der Eroberung Mekkas fingen die Mekkaner an, ihre Kinder scharenweise dem Gesandten Allahs zu bringen. Einerseits sprach der Gesandte Allahs Bittgebete für sie aus, damit sie ein segensreiches Leben haben, und zeigte andererseits seine Liebe zu den Kindern, indem er ihre Köpfe streichelte.[15]

Manchmal erfreute der Prophet der Güte die Kinder, indem er sie auf sein Reittier nahm. *Abdullah Ibn Dscha'far*,[16] *Usama Ibn Zayd*[17] und *Fadl Ibn Abbas*[18] gehörten zu den Kindern, beziehungsweise Jugendlichen, die er auf sein Reittier nahm und mit ihnen reiste. Diese Handlung des Propheten gefiel den Kindern so sehr, dass sie sehnsüchtig darauf warteten, bis er aus den Feldzügen zurückkam, und sie wetteiferten darin, ihn zu empfangen. Der Gesandte Allahs (s.a.w.) nahm eines der Kinder auf die vordere Seite seines Reittiers und eines auf die Rückseite, womit er sie erfreute.[19]

Und von Zeit zu Zeit streichelte der Gesandte Allahs die Wangen der Kinder und zeigte ihnen somit seine Liebe. Sein Streicheln war für die Kinder ein Grund für Stolz und trug

---

14 Vgl. Muslim: Sahih, Fada'il as-Sahaba, 107 (M6322); Bukhari: Sahih, 'Aqiqah, 1 (B5470).
15 Vgl. Abu Dawud: Sunan, Taradschdschul, 8 (D4181).
16 Vgl. Muslim: Sahih, Fada'il as-Sahaba, 66 (M6268).
17 Vgl. Bukhari: Sahih, Libas, 98 (B5964); Muslim: Sahih, Hadsch, 147 (M2950).
18 Vgl. Muslim: Sahih, Hadsch, 267 (M3088); Bukhari: Sahih, Hadsch, 101 (B1685).
19 Vgl. Abu Dawud: Sunan, Dschihad, 54 (D2566); Bukhari: Sahih, Libas, 99 (B5965).

einen unvergesslichen Wert mit sich. Sie teilten sogar in den Folgejahren ihre derartigen Erinnerungen den anderen mit. *Abdullah Ibn Tha'laba*[20] und *Dschabir Ibn Samura* gehörten zu diesen glücklichen Kindern. *Dschabir* (r.a.) berichtete über eine erfreuliche Erinnerung wie folgt: „Ich verrichtete mit dem Gesandten das erste Ritualgebet (das Ritualgebet zum Mittag). Dann ging er hinaus, um zu seiner Familie zu gehen, auch ich ging mit ihm hinaus. Auf dem Weg empfingen ihn die Kinder. Er streichelte jedem einzeln die Wange. Auch meine Wange streichelte er. Ich spürte in seiner Hand eine derartige Frische und einen derartig schönen Duft, als ob er seine Hand aus dem Korb eines Parfümverkäufers (*Attar*) herausgenommen hätte."[21]

Auch gab es Zeiten, in denen sich der Prophet (s.a.w.) unter den Kindern aufhielt,[22] mit ihnen zu einem Kind wurde, mit ihnen scherzte und mit ihnen spielte. Zum Beispiel erzählte *Mahmud Ibn Rabi*, ein Kind aus einer Familie des medinensischen *Hazradsch*-Stammes, dass der Gesandte Allahs, als er fünf Jahre alt war, Wasser in sein Gesicht spritzte, das er aus deren Brunnen geholt hatte.[23]

Keine einzige Situation hinderte den Gesandten Allahs daran, die Kinder zu lieben und ihnen diese Liebe zu zeigen. Der Prophet schonte sich nicht, auch im Ritualgebet, das grundsätzlich zu den wichtigsten glaubenspraktischen Handlungen gehört, den Kindern Liebe zu schenken, indem er beispielsweise bei der Verrichtung des Ritualgebets

---

20 Vgl. Bukhari: Sahih, Maghazi, 54 (B4300).
21 Muslim: Sahih, Fada'il, 80 (M6052); Nawawi: Scharh SahihiMuslim, XV, 85 (SchN15/85).
22 Vgl. Bukhari: Sahih, Adab, 81 (B6129).
23 Vgl. Bukhari: Sahih, 'Ilm, 18 (B77); Muslim: Sahih, Salah, 36 (M876).

gelegentlich seine Enkeltochter *Umama*, das Kind seiner Tochter *Zaynab* (r.a.) und von *Abu al-As* (r.a.),[24] oder seine Enkelkinder *Hasan* und *Husayn*, die Kinder seiner anderen Tochter *Fatima* (r.a.) und von *Ali* (r.a.),[25] auf seinen Schultern oder seinem Rücken trug oder auf seinen Schoß nahm. Wenn er sich niederwarf, setzte er sein Enkelkind auf den Boden, und wenn er aufstand, nahm er es wieder hoch.

Wenn bei der Verrichtung des Ritualgebets Kinder vor ihm liefen, führte er sein Ritualgebet fort; auch wenn die Kinder ihn zeitweise sogar an den Beinen festhielten, verrichtete der Gesandte Allahs (s.a.w.) weiterhin sein Ritualgebet, ohne es abzubrechen.[26] Wenn er als Vorbeter (*Imam*) das Ritualgebet verrichtete und die Stimme eines weinenden Kindes unter der Gemeinschaft der Betenden hörte, hielt er die Rezitation kurz an und beendete das Ritualgebet in Kürze.[27] Des Weiteren, wenn ihm das erste Obst der Jahreszeit angeboten wurde, sprach er ein Bittgebet für Reichhaltigkeit aus und bot es anschließend dem jüngsten Kind an, das sich in dem Moment dort befand.[28]

Wahrlich, die Beziehung des Propheten (s.a.w.) zu den Kindern beruhte auf freundschaftlich liebevoller Unterhaltung, Herzlichkeit und Nachsicht. Während er verkündete: *„Wer unseren Jüngeren gegenüber nicht barmherzig ist, unsere Älteren nicht respektiert, das Rechte nicht befiehlt und das Un-*

---

24 Vgl. Muslim: Sahih, Masadschid, 41 (M1212); Bukhari: Sahih, Salah, 106 (B6516).
25 Vgl. Nasa'i: Sunan, Tatbiq, 82 (N1142); Ibn Hanbal: Musnad, VI, 466 (HM28199).
26 Vgl. Nasa'i: Sunan, Qibla, 7 (N755); Ibn Hanbal: Musnad, I, 341 (HM3167).
27 Vgl. Bukhari: Sahih, Ayan, 65 (B709); Muslim: Sahih, Salah, 191 (M1055).
28 Vgl. Muslim: Sahih, Hadsch, 474 (M3335).

rechte nicht verbietet, gehört nicht zu uns"²⁹, deutete er genau auf diesen Aspekt hin. Er ließ es nicht zu, dass ein Kind, aus welchen Gründen auch immer, betrübt wurde. Als zum Beispiel *Umm al-Fadl*, die Ehefrau seines Onkels und die Milchmutter seines Enkelkindes *Hasan*, eines Tages ihn besuchen kam, hatte sie auch *Hasan* bei sich und setzte ihn auf den Schoß des Gesandten Allahs. *Hasan* jedoch nässte den Schoß seines Großvaters. Seine Milchmutter schlug ihn daraufhin auf seine Schulter, als wolle sie sagen: „Was hast du getan!" Aber der Prophet konnte ihr Verhalten nicht dulden und sagte: *„Du hast meinem Sohn wehgetan! Möge Allah Sich deiner erbarmen!"*³⁰

Wenn Kinder Unfug anstellten oder einen Fehler begingen, schimpfte, rügte oder schlug er (s.a.w.) sie nicht, sondern ermahnte sie und zeigte ihnen einen Weg, um ihre Fehler zu beheben. Als *Rafi' ibn 'Amr*³¹ eines Tages als Kind die Dattelbäume der *Ansar* mit Steinen bewarf, wurde er erwischt und zum Gesandten Allahs gebracht. Anstatt ihn direkt zu bestrafen, fragte der Gesandte Allahs (s.a.w.): *„Mein Kind, warum bewirfst du die Datteln mit Steinen?"*, woraufhin das Kind antwortete: „Um sie zu essen." Daraufhin sagte unser Prophet: *„Wirf nicht mit Steinen nach den Datteln, sondern iss von den bereits heruntergefallenen, auf dem Boden liegenden Datteln"*, wodurch er ihm das Rechte beibrachte, seinen Kopf streichelte und für ihn das Bittgebet aussprach: *„Oh Allah, sättige ihn."*³²

---

29 Tirmidhi: Sunan, Birr wa Sila, 15 (T1921); Abu Dawud: Sunan, Adab, 58 (D4943) .
30 Ibn Madscha: Sunan, Ta'birar-Ru'ya, 10 (IM3923); Ibn Hanbal: Musnad, VI, 340 (HM27416).
31 Vgl. Ibn Madscha: Sunan, Tidscharah, 67 (IM2299).
32 AbuDawud: Sunan, Dschihad, 85 (D2622).

Folgende Aussage von *Anas* (r.a.), der seit seinen jungen Jahren dem Gesandten Allahs diente, fasst die Beziehung unseres Propheten zu den Kindern sehr gut zusammen: „Ich diente dem Gesandten Allahs zehn Jahre lang. Bei Allah, er sagte nicht einmal ‚uff!' zu mir. Er sagte weder infolge einer Handlung: ‚*Warum hast du das so getan?*', noch sagte er: ‚*Hättest du das doch so getan!*'"[33]

Der Prophet Muhammed (s.a.w.) respektierte die Persönlichkeit der Kinder und lobte sie. Hierfür begrüßte er manchmal Kinder, die gerade spielten,[34] lobte manchmal ihre Kleidung[35] und gelegentlich besuchte er sie, wenn sie krank wurden.[36]

Der Tod von Kindern betrübte den Gesandten Allahs sehr. Als ihm der kleine Sohn seiner Tochter *Zaynab* (r.a.), der im Streben lag, in die Arme gegeben wurde, flossen Tränen aus seinen Augen. Als Sa'd Ibn Ubada (r.a.) fragte: „Oh Gesandter Allahs! Was ist das für ein Zustand?", äußerte der Prophet: „*Dies ist das Erbarmen Allahs, das Er in die Herzen Seiner Diener gelegt hat. Allah erbarmt Sich nur derjenigen, die sich auch anderer erbarmen.*"[37] Der Gesandte Allah (s.a.w.), der in gleicher Weise tief betrübt war, als sein kleiner Sohn *Ibrahim* verstarb, drückte ihn an sein Herz, ließ schweigend seine Tränen fließen und sagte: „*Die Augen tränen, das Herz leidet.*"[38]

---

33 Muslim: Sahih, Fada'il, 51 (M6011); AbuDawud: Sunan, Adab, 1 (D4773).
34 Vgl. Muslim: Sahih, Fada'il as-Sahaba, 145 (M6378); AbuDawud: Sunan, Adab, 135, 136 (D5202/5203).
35 Vgl. Bukhari: Sahih, Dschihad, 188 (B3071).
36 Vgl. Bukhari: Sahih, Marda, 11 (B5657).
37 Bukhari: Sahih, Dschana'iz, 32 (B1284); Muslim: Sahih, Dschana'iz, 11 (M2135); Ayni: Umdat al-Qari, VIII, 105 (AU8/105).
38 Muslim: Sahih, Fada'il, 62 (M6025); Bukhari: Sahih, Dschana'iz, 43 (B1303).

Die Beziehung, die unser Prophet (s.a.w.) zu den Kindern, beruhend auf Liebe, Nachsicht und Lob pflegte, zeigte bei jedem Schritt den Respekt vor den künftigen Erwachsenen, während darüber hinaus die Beziehung zu den Jugendlichen tiefgründiger und beeindruckender war. Obwohl die Jugendlichen sich in einer für sie spezifischen Gemütslage befinden und Gefühle wie Wille, Wunsch, Aufregung, Stolz, Gewalt intensiv erleben, sind sie zugleich unerfahren. Unser Prophet, dem diese Gemütslage bewusst war, nahm eine respektvolle, vertrauenswürdige, ermutigende, rationale und gemäßigte Haltung ein.

Wenn der Gesandte Allahs (s.a.w.) Jugendliche mit einer Tätigkeit beauftragte, schenkte er ihnen sein Vertrauen, um ihre Zagheit, die auf ihre Unerfahrenheit beruhte, zu beseitigen, und ermutigte sie. Als beispielsweise *Ali* (r.a.) in einem jungen Alter mit dem Amt des Richters im Jemen beauftragt wurde, gab er sein junges Alter und seine Unerfahrenheit zu bedenken und hielt sich eher von diesem Amt zurück. Daraufhin klopfte der Gesandte Allahs mit seiner Hand auf die Brust *Alis* und sprach das folgende Bittgebet: *„Oh Allah, leite sein Herz auf dem rechten Weg und gib seiner Zunge Ausdauer!"*, womit er ihn ermutigte und ihm erklärte, wie er in einem Streitfall ein Urteil sprechen solle. *Ali* (r.a.) sagte diesbezüglich: „Hiernach hatte ich bei der Urteilsfindung zwischen zwei Personen niemals einen Zweifel."[39]

Der Gesandte Allahs (s.a.w.) versuchte, nicht nur das Selbstbewusstsein der Jugendlichen zu stärken, sondern tendierte auch dazu, das fehlende Vertrauen seiner Umgebung in die

---

[39] Ibn Madscha: Sunan, Ahkam, 1 (IM2310); Abu Dawud: Sunan, Qada'Aqdiyyah, 6 (D3582).

Jugendlichen zu beheben. Zum Beispiel berief er damals seinen befreiten Sklaven *Zayd Ibn Haritha* (r.a.) trotz seines jungen Alters zum Amt des Befehlshabers über eine Gruppe, in der sich auch ältere Gefährten befanden. Jedoch zeigten einige in der Gruppe Zweifel an seiner Eignung für das Amt. Zu einem späteren Zeitpunkt berief er *Usama* (r.a.), den Sohn seiner Bediensteten *Umm Ayman* (r.a.) und ihrem Ehemann *Zayd* (r.a.), zum Kommandanten über ein Heer, das zu den Byzantinern geschickt werden sollte, woraufhin wieder Zweifel aufkamen. Daraufhin äußerte der Gesandte Allahs (s.a.w.): *„Ihr redet jetzt unbegründet über die Kommandantur von Usama. Zuvor habt ihr auch über die Kommandantur seines Vaters gesprochen. Bei Allah, so wie Zayd seines Amts würdig war und für mich unter den Menschen zu den Liebsten gehört, so gehört auch wahrlich Usama nach seinem Vater zu den Liebsten der Menschen für mich"*[40], womit er die Einwände verstummen ließ und zugleich *Usama* ermutigte.

Da dem Gesandten Allahs (s.a.w.) bewusst war, dass Jugendliche intensive Gefühlsschwankungen durchleben, beachtete er diesen Zustand und verhielt sich ihnen gegenüber dementsprechend verständnisvoll. Als die Jugendlichen sein Feingefühl und Verständnis erlebten, verstärkte dies ihre Zuneigung zum Propheten umso mehr. Eine Gruppe von Jugendlichen, die aus *Malik ibn al-Huwayris* und seinen Freunden bestand, begab sich, nachdem sie den Islam angenommen hatten, aus ihrer Heimat auf den Weg nach Medina, um den Propheten zu besuchen. Sie blieben ungefähr zwanzig Tage bei ihm und fingen an, ihre Hinterbliebenen zu vermissen. Der Gesandte Allahs (s.a.w.) spürte diese Ge-

---

40 Bukhari: Sahih, Maghazi, 88 (B4469); Muslim: Sahih, Fada'il as-Sahaba, 55 (M6254).

fühlslage, zeigte Verständnis für ihre Situation und sagte: *„Wenn ihr nun zu euren Familien zurückkehren und ihnen das beibringen würdet (was ihr gelernt habt)"*, womit er ihnen die Erlaubnis erteilte, zu ihren Familien zurückzukehren.[41]

Die vielleicht schwierigste Situation des heranwachsenden Alters ist das Begehren und Interesse am anderen Geschlecht, was dem Propheten Muhammed (s.a.w.) bewusst war und der diesbezüglich den Jugendlichen empfahl, gemäßigt und geduldig zu sein. Nach der Überlieferung von *Abdullah Ibn Mas'ud* (r.a.) sagte er zu den jungen Menschen um sich herum Folgendes: *„Oh ihr jungen Leute! Wer von euch es sich leisten kann, der heirate. Denn die Ehe ist der beste Weg, um den Blick vom Verbotenen (Haram) abzuwenden und die Keuschheit (Iffah) zu schützen. Wer es sich jedoch nicht leisten kann zu heiraten, der faste. Denn das Fasten ist von einer Beschaffenheit, dass die Begierde abstumpft."*[42]

Als *Fadl Ibn Abbas* (r.a.), der Sohn des Onkels des Propheten, das Heiratsalter erreichte, sagte der Gesandte Allahs (s.a.w.) zu einem seiner Gefährten namens *Mahmiya*, der mit dem Einsammeln der Sozialsteuer (Zakah) beauftragt war: *„Vermähle deine Tochter mit diesem jungen Mann"*, und fungierte hiermit als Vermittler.[43] Als auf der Abschiedswallfahrt *Fadl*, der hinten auf dem Reittier des Propheten saß, auf die Frauen schaute, die er unterwegs sah, war es wieder der Gesandte Allahs, der *Fadls* Gesicht mit seiner Hand auf die andere Seite drehte.[44]

---

41 Bukhari: Sahih, Adhan, 49 (B685); Muslim: Sahih, Masadschid, 292 (M1535).
42 Bukhari: Sahih, Nikah, 3 (B5066); Tirmidhi: Sunan, Nikah, 1 (T1081).
43 Vgl. Muslim: Sahih, Zakah, 167 (M2481).
44 Vgl. Muslim: Sahih, Hadsch, 147 (M2950); Abu Dawud: Sunan, Manasik, 56 (D1905).

Unser Prophet (s.a.w.) verhinderte übermäßiges Handeln von Jugendlichen, das bei ihnen durch jugendliches Begehren hervortreten konnte, ohne sie zu verletzen, zu kränken und zu diskriminieren, und half ihnen, sich ihrer Fehler bewusst zu werden. Eines Tages kam ein junger Mann zum Propheten und äußerte, dass er sich nicht mehr kontrollieren könne und einen Geschlechtsakt erleben möchte, womit er um Erlaubnis zu etwas bat, was im Islam als Unzucht eine absolut verbotene Handlung darstellt. Die Gefährten versuchten, ihn zum Schweigen zu bringen. Doch der Gesandte Allahs (s.a.w.) hinderte sie daran, rief den jungen Mann zu sich und fragte ihn der Reihe nach, ob er damit einverstanden wäre, wenn jemand mit seiner Mutter, seiner Tochter, seiner Schwester oder seiner Tante einen unehelichen Geschlechtsakt (Unzucht) durchführen würde. Der junge Mann antwortete jedes Mal mit „Nein" und der Gesandte Allahs erklärte bei jeder Antwort mit ruhiger Art, dass auch die anderen Menschen kein Einverständnis dazu geben würden. Anschließend sprach er für ihn das folgende Bittgebet aus: *„Oh Allah, vergib die Sünde dieses jungen Mannes, reinige sein Herz, schütze seine Keuschheit!"*, woraufhin sich der junge Mann von dieser Absicht abwandte.[45]

In dieser Phase, in der die Kraft, Aufregung und Stärke des Begehrens ihren Höhepunkt erreichen, kann die Unerfahrenheit die Jugendlichen auf riskante Wege führen. Der Gesandte Allahs (s.a.w.) zählte einen jungen Menschen, der mit starkem Willen diesem Sturm standhält und nicht dem Verbotenen verfällt, zu den sieben Personen, die am Tage der Auferstehung durch Allah Ta´ala, im Schatten Seines

---

[45] Ibn Hanbal: Musnad, V, 257 (HM22564).

Thrones unter Schutz gestellt werden, wo es außer diesem Schatten (Seines Thrones) keinen anderen Schatten (Schutz) geben wird.⁴⁶

Der Prophet Muhammed (s.a.w.) gab kund, dass die Jugendlichen, die ihre *Iffah* (Reinheit, Keuschheit) schützen, ihrer Verantwortung gegenüber Allah Ta´ala bewusst sind und sich auf dem rechten Weg befinden, Unheil verhindern können, und äußerte: *„Würde es die ehrfürchtigen Jugendlichen, die sich (im Ritualgebet) niederknienden Älteren, die zu stillenden Babys und die weidenden Tiere nicht geben, so würde definitiv Unheil über euch regnen."*⁴⁷

Der Prophet (s.a.w.) befasste sich persönlich mit der Bildung der Jugendlichen und brachte in der Laube namens *Suffa*, die sich neben dem *Masdschid an-Nabawi* befand, zahlreichen Jugendlichen wie *Abu Hurayrah* (r.a.) den Islam bei. Die Rolle der großen Gefährten, wie *Abdullah Ibn Umar, Abdullah Ibn Mas´ud, Abdullah Ibn Abbas, Mu´adh Ibn Dschabal* und *Anas Ibn Malik* (möge Allah mit ihnen zufrieden sein), die ihre Jugend an der Seite des Propheten verbrachten, ist bei dem Aufbau der islamischen Kultur und Zivilisation unbestreitbar. Eine der Lehren des Gesandten Allahs, der bei jeder Gelegenheit den Jugendlichen spezifische Empfehlungen gab, an *Abdullah Ibn Abbas* (r.a.) lautete: *„Junger Mann! Ich werde dir einige Lehren beibringen: Beschütze (das Recht) Allahs, sodass auch Allah dich beschützt. Beachte (das Recht) Allahs, sodass du Ihn immer bei dir findest. Wenn du um etwas bitten solltest, so bitte Allah drum. Wenn du um Hilfe bitten solltest, so bitte Allah um Hilfe. Sei dir bewusst: Wenn*

---

46 Vgl. Bukhari: Sahih, Adhan, 36 (B660); Muslim: Sahih, Zakah, 91 (M2380).
47 AbuYa´la: Musnad, XI, 287 (YM6402).

sich die ganze Gesellschaft (alles Existierende) wegen eines Anliegens versammeln würde, um zu deinem Nutzen etwas zu tun, so können sie dir nur dann Unterstützung geben, wenn Allah dies bestimmt hat. Wenn desgleichen (die ganze Gesellschaft) sich versammeln würde, um dir einen Schaden zuzufügen, so können sie dir nur dann schaden, wenn Allah es bestimmt hat. Denn die Stifte wurden aufgehoben, die Seiten sind getrocknet (das Schicksal besiegelt).“[48]

Abschließend kann festgehalten werden, dass der Gesandte Allahs (s.a.w.), bedingt durch seine Pflichten als Prophet, sich mit jedem einzelnen Individuum der Gesellschaft sorgfältig befasst hat, ohne einen Geschlechts- oder Altersunterschied zu machen. So entwickelte er auch eine auf Liebe beruhende Beziehung zu Kindern und eine auf Aufrichtigkeit beruhende Beziehung zu Jugendlichen. Unter Beachtung dessen, dass ein Kind im Grunde der Erwachsene der Zukunft sein wird und ein Jugendlicher der lebendige Adressat der Offenbarung ist, sollte einem bewusst werden, wie wertvoll die jungen Menschen sind. Unser Prophet (s.a.w.) zeigte bei der Erziehung der Kinder und Jugendlichen, die später in der Lage sein sollten, die Verantwortung für die Gesellschaft zu tragen, große Einfühlsamkeit und bemühte sich darum, dass ein Kind Verständnis und liebevolle Nachsicht erfährt und dass ein Jugendlicher an das Bewusstsein herangeführt wird, dass er der Statthalter Allahs auf der Erde – das heißt, der ehrenwerteste aller Geschöpfe - ist.

---

[48] Tirmidhi: Sunan, Sifat al-Qiyamah, 59 (T2516); Ibn Hanbal: Musnad, I, 293 (HM2669).

DIE WAISE: DER WICHTIGSTE SCHUTZBEFOHLENE IN DER VERANTWORTUNG DER GESELLSCHAFT

Dscha'far Ibn Abu Talib (r.a.), der Sohn des Onkels unseres Propheten Muhammed (s.a.w.), den der Prophet stets *„mein Bruder"* nannte,[1] starb im Feldzug zu *Mute* den Märtyrertod. Er hatte seine beiden Arme verloren und war in das Paradies emporgestiegen, doch blieb nach seinem Tod großer Kummer zurück. Der Gesandte Allahs wartete zuerst. Er gab der Familie *Dscha'fars* drei Tage Zeit, damit sie ihre Trauer ausleben und sich anschließend beruhigen konnten.

Schließlich kam der Gesandte Allahs (s.a.w.) in das Haus *Dscha'fars*, das in tiefer Trauer war. Er begann seine Rede mit den Worten: *„Weint von nun an nicht mehr für meinen Bruder."* Dann sagte er: *„Bringt mir die Kin-*

---
[1] Vgl. Abu Dawud: Sunan, Taradschdschul, 13 (D4192).

der meines Bruders." Nach Jahren erzählte *Abdullah* (r.a.), der Sohn *Dscha'fars*, über dieses Geschehnis: „Wir wurden zu ihm gebracht und reihten uns vor ihm auf. Wir waren wie Vogeljungen."[2]

Und dann tat der Gesandte Allahs (s.a.w.) etwas Unerwartetes. Als Zeichen dafür, dass das Leben weitergeht, und damit die Gesichter dieser Waisen, deren Haare von Trauer und Kummer zerzaust waren, leuchteten, rief er einen Barbier; obwohl in diesem Moment die Idee, die Haare der Kinder von einem Barbier scheren zu lassen, der letzte (angebrachte) Gedanke zu sein schien. Der Gesandte Allahs (s.a.w.) ließ die Haare der Waisen schneiden, als ob am nächsten Tag ein Fest wäre.

---

2 Nasa'i: Sunan, Ziynah, 57 (N5229).

„*Yatim*" (Waise) bedeutet im Arabischen „allein, einsam". Es trägt auch die Bedeutung „jemand, der langsam geht, zurückbleibt". Ein Waisenkind ist ein Kind, das seine Kindheit mit der Verlustlast seines Vaters verbringt, mal mit der Unterstützung seiner Mutter und Verwandten, mal mit der Unterstützung des Staates aufwächst und der Gesellschaft finanziell und moralisch anvertraut ist. Dieses Anvertraute (*Amanah*) ist so zart und so gewichtig, dass die Koranverse, die in den ersten Jahren des Islam nacheinander herabgesandt wurden, mit Nachdruck an die Rechte der Waisen erinnern:

„Doch nein! Ihr haltet die Waise nicht in Ehren."[3]

„Was nun die Waise anbelangt, so benachteilige sie nicht!"[4]

„Hast du den gesehen, der das (letzte) Gericht leugnet? Er ist es, der die Waise wegstößt und nicht zur Speisung des Armen anspornt."[5]

Der edle Koran erinnert an Allahs Barmherzigkeit gegenüber dem Propheten Muhammed (s.a.w.), der seinen Vater verlor, bevor er überhaupt geboren wurde: *„Hat Er (Allah) dich nicht als Waise gefunden und (dir) dann Zuflucht verschafft?"* Diese Sensibilität in Hinsicht auf die Waisen findet ihren Ausdruck auch in den Worten des Gesandten Allahs wieder. Der Ruf des Propheten, während er seine leicht geöffneten Zeige- und Mittelfinger zeigte, ist kaum zu vergessen: *„Ich und derjenige, der eine Waise in seine Obhut nimmt, werden im Paradies so (beieinander) sein."*[6] Damit die Herzen es ver-

---

3 Koran: al-Fadschr, 89/17.
4 Koran: ad-Duha, 93/9.
5 Koran: al-Maun, 107/1-3.
6 Bukhari: Sahih, Talaq, 25 (B5304).

stehen und die Augen sich dies vorstellen können, verkündete unser Prophet, indem er auf seine Finger zeigte, dass diejenigen, die im Diesseits Waisenkindern Schutz gewähren, sich um sie sorgen und ihr Brot mit ihnen teilen, im Paradies eben in dieser Form ihren Platz neben ihm finden werden. Der verwaiste Prophet trat so für die Waisen ein.

Der Gesandte Allahs (s.a.w.) vergaß jedoch auch nicht die Mütter, die ihre verwaisten Kinder in ihre Obhut nehmen, trotz jeder Schwierigkeit für sie sorgen und sie sogar ihrem Selbst vorziehen, und sagte Folgendes: *„Ich und die Frau, deren Wangen (aufgrund der Belastungen, der sie ausgesetzt ist, und der Ungepflegtheit) dunkel geworden/eingefallen sind, werden uns am Jüngsten Tag so nahe wie diese beiden (Zeige- und Mittelfinger) sein. Diese Frau ist diejenige, die aufgrund des Todes ihres Ehemannes zur Witwe wird und sich, obwohl sie vornehm und hübsch ist, ihren Waisenkindern widmet, bis ihre Kinder groß werden oder bis sie selbst stirbt."*[7] Wer könnte die Waisen besser verstehen als der Gesandte Allahs, der selbst ohne Mutter und Vater groß wurde?

Es wird überliefert, dass unser Prophet Muhammed (s.a.w.) gegenüber einem Mann, der über seine eigene Kaltherzigkeit klagte, Folgendes äußerte: *„Streiche über den Kopf einer Waise, verpflege den Bedürftigen."*[8] Den Kopf einer Waise zu streicheln bedeutet nicht nur, ihr Liebe und Barmherzigkeit zu schenken, sondern auch dafür zu sorgen, dass sie ihre Einsamkeit vergisst und ihr dazu zu helfen, dass sie auf den Beinen stehen kann. An diesem Punkt verkündete der Gesandte Allahs (s.a.w.): *„Denjenigen unter den Muslimen,*

---

[7] Abu Dawud: Sunan, Adab, 120, 121 (D5149).
[8] Ibn Hanbal: Musnad, II, 387 (HM9006).

der einem Waisenkind Obhut gewährt, indem er seine Verpflegung übernimmt, wird Allah sicherlich in das Paradies einlassen. Wenn diese Person jedoch eine unverzeihliche Sünde begangen hat, so ist es (die Lage) anders"[9], und verhieß denjenigen das Paradies, die die Waisen in ihre Obhut nehmen und ihnen Schutz gewähren. So werden im edlen Koran auch diejenigen, die ihren Besitz mit einer Waise teilen, obwohl sie selbst bedürftig sind, als wirkliche Wohltäter definiert.[10] *Abdullah Ibn Umar* (r.a.), der die Erziehung des Propheten genossen hat, legte Wert darauf, nicht ohne eine Waise an seinem Tisch zu essen,[11] was ein klares Beispiel für die Sensibilität dieser Angelegenheit ist.

Auf der anderen Seite verkündete unser Prophet (s.a.w.): *„Das segensreichste Haus unter den Muslimen ist das Haus, in dem sich eine Waise befindet, die gut behandelt wird. Das übelste Haus unter den Muslimen hingegen ist das Haus, in dem sich eine Waise befindet, die schlecht behandelt wird"*[12], und erinnert daran, dass die gute oder üble Behandlung einer Waise ein bestimmender Maßstab dafür ist, ob die Familie eine gute oder eine schlechte Familie ist.

Die Waisen haben Vorrang. Einige von ihnen sind Kinder von Märtyrern, andere verloren ihre Eltern durch Krankheiten oder Unfälle. Wiederum andere fielen an verschiedenen Orten der Erde den weltlichen Begierden von jemandem zum Opfer, sie begegneten, ohne ihre Kindheit ausleben zu können, dem kalten Gesicht des Krieges, der nicht nur Städte, sondern auch Seelen zerstört. Ihre Mütter und Väter

---

9   Tirmidhi: Sunan, Birrwa Sila, 14 (T1917).
10 Vgl. Koran : al-Baqara, 2/177.
11 Vgl. Bukhari: Sahih, al-Adab al-Mufrad, 60 (EM136).
12 Ibn Madscha: Sunan, Adab, 6 (IM3679).

sind nicht mehr bei ihnen. Sie verdienen es am meisten, beschützt zu werden. Sie würden sich wünschen, wie *Anas* zu sein, der an der Seite des Propheten war. Sie erhoffen sich, wie die Waisen bei *Umm ad-Darda* (r.a.) zu sein, die frohe Botschaft des Gesandten Allahs und die Fürsorge und Geborgenheit der Gläubigen zu erlangen.

Als seine Tochter *Fatima* (r.a.) mit zwei Frauen an ihrer Seite zum Propheten kam und diese ihn baten, von den kriegsgefangenen Frauen Dienerinnen für ihren Haushalt zugewiesen zu bekommen, sagte der Prophet: „*Die Waisen von Badr haben Vorrang.*"[13] Sein Wunsch, die Waise in Schutz zu nehmen und zu versorgen, sollte durch die Überlieferungen seinen Weg in die Tiefen unserer Herzen finden.

Der Gesandte Allahs (s.a.w.) verkündete: „*Von jedem Besitz gibt es – außer der Sozialsteuer (Zakah) – noch weitere zu zahlende Beträge.*"[14] Das in Schutz Nehmen von Waisen geht über die Speisung hinaus, es gehört zu den größten Verantwortungen des Menschen. Der Gesandte Allahs (s.a.w.) legte diese auf den Schultern der Menschen lastende Verantwortung mit dem folgenden Koranvers dar: „*Nicht darin besteht die Güte, dass ihr (lediglich) eure Gesichter gegen Osten oder Westen wendet. Güte ist vielmehr die Haltung und die Handlung derer, die an Allah, den Jüngsten Tag, die Engel, die Bücher und die Propheten glauben; die von ihrem Besitz – trotz ihrer Liebe für diesen – der Verwandtschaft, den Waisen, den Armen, dem Sohn des Weges, dem Wollenden (der aufgrund seines Bedürfnisses drum fragt) und den Gefangenen (für ihren Loskauf) hergeben; die das Ritualgebet (auf beste Weise) ver-*

---

13 Abu Dawud: Sunan, Haradsch, Fay' wa 'Imara, 19-20 (D2987).
14 Tirmidhi: Sunan, Zakah, 27 (T659).

richten; die Sozialsteuer (Zakah) entrichten; und die, ihre Verpflichtungen einhalten, wenn sie Vereinbarung eingegangen sind; und die standhaft bleiben in Not, Leid und in Kriegszeiten. Das sind diejenigen, die wahrhaftig sind. Das sind diejenigen, die gottesfürchtig sind."[15]

Was für eine große Sünde es doch ist, den Besitz einer Waise zu unterschlagen! Diese Sünde, die von unserem Propheten neben Mord und Verleumdung unter den großen Sünden, die die Menschheit ins Verderben stürzen, aufgezählt wird,[16] ist für die muslimische Gesellschaft, die der Vertreter eines erhabenen Glaubens und Erbe einer großen Zivilisation ist, die das Recht der Waisen in Schutz nehmen, eine unverzeihbare Handlung. Denn vielmehr ist die Rücksichtnahme auf die Waisen, die der Gesellschaft ein Andenken ihrer Eltern und ein Anvertrautes von Allah (*Amanah*) sind, ein Tor, das sich zum Paradies öffnet.

Neben diesen Warnungen vor der Beschlagnahmung des Besitzes einer Waise, ist es demjenigen, der sich um die Verpflegung einer Waise kümmert, jedoch selbst bedürftig wird, gestattet, von diesem Besitz im Maße seines eigenen Bedarfs zu verwenden.[17] Als ein Mann zum Propheten kam und sagte, dass er selbst bedürftig sei, jedoch eine Waise pflegte, erwiderte der Prophet (s.a.w.), dass er unter der Bedingung, nicht verschwenderisch zu sein und den Besitz nicht zu unterschlagen, von dem Besitz der Waisen ausgeben dürfe.[18]

---

15 Koran: al-Baqara, 2/177.
16 Vgl. Muslim: Sahih, Iman, 145 (M262).
17 Vgl. Bukhari: Sahih, Tafsir, (an-Nisa) 2 (B4575); Muslim: SahihTafsir, 10 (M7533).
18 Vgl. Abu Dawud: Sunan, Wasayah, 8 (D2872); Nasa'i: Sunan, Wasayah, 11 (N3698).

Als der Koranvers: *„Und nähert euch nicht dem Besitz des Waisenkindes außer auf die beste Art, bis es seine Vollreife erlangt hat"*[19], und der Koranvers: *„Diejenigen, die den Besitz der Waisen ungerechterweise verschlingen, verzehren in ihren Bäuchen nur Feuer und sie werden der Feuerglut (der Hölle) ausgesetzt sein"*[20], offenbart wurden, verließen laut der Überlieferung von *Abdullah Ibn Abbas* (r.a.) diejenigen, die Waisenkinder in ihrer Obhut hatten, sofort den Versammlungsort, an dem sie mit dem Propheten saßen, um die Speisen und Getränke der Waisen von ihren eigenen zu trennen. Ab dann blieben von dem Essen, das sie den Waisen gaben, Reste übrig. Um nicht den Besitz der Waisen ungerechterweise zu verschwenden, bewahrten sie auch das übrig gebliebene Essen auf. Aber dies wurde schlecht und verdarb schnell. Mit der Zeit fiel diese Situation den Gefährten schwer, woraufhin sie dem Gesandten Allahs davon berichteten. Kurz danach wurde der folgende Koranvers offenbart: *„Und sie fragen dich nach den Waisen. Sprich: ‚Sie zu fördern (gut zu erziehen), ist besser (als sie im Stich zu lassen). Und wenn ihr das Leben mit ihnen teilt, (so vergisst nicht) sie sind eure Geschwister.' Und Allah weiß den Unheilstifter und Heilstifter (zu unterscheiden). Und wenn Allah wollte, wahrlich, hätte Er euch in Bedrängnis gebracht! Siehe, Allah ist Allmächtig und Allweise."*[21] Daraufhin legten die Gefährten ihr Essen und ihre Getränke mit denen der Waisen zusammen.[22]

Diese Feinfühligkeit der Gefährten basierte auf dem Wunsch, von den *„Kafil al-Yatim"* zu sein, das heißt, zu den-

---

19 Koran: al-An´am, 6/152.
20 Koran: an-Nisa 4/10.
21 Koran: al-Baqara: 2/220.
22 Vgl. Abu Dawud: Sunan, Wasayah, 7 (D2871).

jenigen zu zählen, die ein Waisenkind in ihre Obhut nehmen, da unser Prophet die frohe Botschaft verkündete, dass diese Personen im Paradies seine Nachbarn sein werden.[23] Lexikalisch wird der Begriff „Kafil" mit dem Wort „Bürgschaft" (*Kefalet*– türkischer Begriff arabischen Ursprungs) verbunden und beide basieren auf dem Wort „*Kifl*". „*Kifl*" bedeutet Sattel, Kleidung, Schicht, Anteil und bezeichnet auch diejenigen, die sich im Krieg in den letzten Reihen befinden, um fliehen zu können.[24] Im Grunde ist es äußerst bedeutsam, dass dieses Wort in dieser Form im *Hadith* Verwendung findet. *Kafil al-Yatim* bedeutet, die Waise in die eigene Obhut zu nehmen, ihr den Vorrang bei der Verpflegung zu gewähren; sie zu speisen, ohne selber zu essen, sie zu kleiden, ohne sich selbst neu zu kleiden …

Der (Stief-)Vater einer Waise und die (Stief-)Mutter, die das Waisenkind nicht von ihren eigenen Kindern unterscheiden, und es in ihre Obhut nehmen, geben dem Waisenkind eine Chance, die Segen des Lebens zu erlangen. Diese (Schutzgewährenden) sind wie ein Kleid, das mit der Sanftheit der Liebe und Geborgenheit die Waise in kalten Winternächten umhüllt. Denn derjenige, der eine Waise unterstützt, ist der Anwärter des im folgenden Koranvers erwähnten „*zweifachen Anteils*", welcher mit dem Wort „*Kiflayn*" ausgedrückt wird: *„Oh, die ihr glaubt! Fürchtet Allah und glaubt an Seinen Gesandten, dann gibt Er euch einen zweifachen Anteil an Seiner Barmherzigkeit und macht euch ein Licht, in dem ihr gehen könnt, und vergibt euch. Allah ist Allvergebend und Barmherzig."*[25]

---

23 Vgl. Bukhari: Sahih, Talaq, 25 (B5304).
24 Vgl. Ibn Manzur: Lisan al-Arab, XXXXIII, 3905 (LA43/3905).
25 Koran: al-Hadid, 57/28.

Der Gesandte Allahs (s.a.w.) verkündete: *„Oh Allah, ich warne (die Menschen) nachdrücklich bezüglich der Rechte der zwei Schwachen: der Waisen und der Frauen, ich verbiete es, in ihre Rechte einzugreifen."*[26] Einer Waise sollte in jeder Hinsicht eine mütterliche und väterliche Behandlung gewährt werden. Die Bürgschaft ist eine Pflichtenkette, die finanziell, spirituell und auch sozial vielseitige Aspekte innehat. In diesem Kontext sollte der Besitz der Waisen in Schutz genommen werden. Es sollte selbst in Situationen, in denen der Besitz der Waisen Schaden zu nehmen droht, geschützt werden, geschweige denn ihn direkt zu beschädigen. Es wird überliefert, dass der Gesandte Allahs (s.a.w.) *Abu Zarr* (r.a.), den er in finanzieller Hinsicht als nicht zufriedenstellend ansah, ermahnte, damit dieser nicht zum Vormund des Besitzes einer Waise werde.[27]

Der Gesandte Allahs (s.a.w.) wollte von denjenigen, die eine Waise pflegten, dass sie den Besitz der Waisen für ihre Zukunft bewirtschaften und ihn vermehren, damit er sich nicht verringert und letztendlich vollständig verloren geht. Unser Prophet Muhammed (s.a.w.) verkündete: *„Gebt acht! Wer die Vormundschaft des Besitzes einer Waise übernimmt, sollte diesen Besitz im Handel verwerten und sollte ihn nicht vernachlässigen (indem er den Besitz nicht vermehrt), bis er (mit der Zeit) durch die Sozialsteuer (Zakah) nicht mehr vorhanden ist."*[28] Die Gefährten des Propheten hielten sich an diesen Rat und griffen ihn als einen Grundsatz auf. Zum Beispiel betonte *Umar* (r.a.) nachdrücklich, dass mit dem Besitz des

---

26 Ibn Madscha: Sunan, Adab, 6 (IM3678); Ibn Hanbal: Musnad, II, 440 (HM9664).
27 Vgl. Muslim: Sahih, Imarah, 17 (M4720); Abu Dawud: Sunan, Wasayah, 4 (D2868).
28 Tirmidhi: Sunan, Zakah, 15 (T641).

Waisenkindes Handel getrieben werden sollte, damit er nicht verloren geht.[29] Es ist auch bekannt, dass *Aischa* (r.a.) so handelte, dass der Besitz der Waisen, die in ihrer Obhut waren, bewirtschaftet wurde.[30]

Die Aussage unseres Propheten (s.a.w.): *„Wenn die Pubertät erreicht wurde, so endet das Waisenalter"*[31], legt die Grenze fest, bis zu der eine Person als Waise gilt. Bedeutet jedoch der Ausdruck „das Erreichen der Pubertät" im wahrsten Sinne den Schritt des Kindes in die Geschlechtsreife? Oder ist hierfür eine andere Erklärung vorhanden?

Als *Ibn Abbas* (r.a.) gefragt wurde: „Wann endet das Waisenalter?", antwortete er: „Ich schwöre auf mein Leben, es gibt Männer, die, obwohl sie bereits einen Bart haben, nicht in der Lage sind, sich für die eigenen Rechte einzusetzen und im eigenen Namen etwas abzugeben. Wenn die Person beim Erlangen der eigenen Rechte sich beim Handel wie die Anderen richtig und ausreichend verhält, so ist dann ihre Zeit als Waise beendet."[32]

Im heiligen Koran wird verkündet, dass die Waisen bis zum Heiratsalter beobachtet werden sollen, um auszumachen, ob sie selbst auf den eigenen Beinen stehen können, um ihnen letztendlich, wenn sie sich in das Leben begeben können, ihren Besitz zurückzugeben.[33]

Ein Waisenkind, das darauf wartet, dass es an der Hand gehalten und auf das Leben vorbereitet wird, ist etwas Anvertrautes, das in emotionaler, physischer und mentaler Hin-

---

29 Vgl. Malik: Muwatta', Zakah, 6 (MU592).
30 Vgl. Malik: Muwatta', Zakah, 6 (MU594).
31 Abu Dawud: Sunan, Wasayah, 9 (D2873).
32 Muslim: Sahih, Dschihad wa as-Siyar, 137 (M4684).
33 Vgl. Koran: an-Nisa, 4/6.

sicht schutzbedürftig ist. Aus diesem Grund wollten Allah Ta´ala und Sein Gesandter (s.a.w.), dass – wie bei Frauen und Sklaven/Dienern – auch mit den Waisen, die zu den sensibelsten und zerbrechlichsten Bestandteilen der Gesellschaft gehören, vorsichtig umgegangen wird. Sobald der Mensch erkennt, dass die größte Glückseligkeit nicht in wandelbaren und betrügerischen Dingen wie Reichtum, einer hohen Position und Macht liegt, wird er fühlen, dass das Strahlen in den Augen eines Kindes deutlich wertvoller ist als alle anderen Dinge. Erst dann wird der Koranvers: *„Und wenn ihr das Leben mit ihnen teilt, (so vergisst nicht) sie sind eure Geschwister"*[34], seinen wohlverdienten Platz in unserem Leben einnehmen.

---

34 Koran: al-Baqara, 2/220.